ullstein

Das Buch

Michael Tsokos, Deutschlands bekanntester Rechtsmediziner, schildert in seinem Buch zwölf spannende und spektakuläre Todesfälle, die allesamt von ihm selbst untersucht wurden. Zugleich liefert er eine kompetente wie verständliche Einführung in die Arbeitsweise der Forensik: Welche Untersuchungsmethoden gibt es – und in welchen Fällen kommen sie zur Anwendung? Wie sieht ein typisches Obduktionsprotokoll aus? Was ist ein Polytrauma? Und wie erkennt man, ob jemand Suizid begangen hat oder ermordet wurde? Ein Sachbuch-Krimi, den man so schnell nicht wieder aus der Hand legt – und den man so schnell nicht wieder vergisst.

Der Autor

Prof. Dr. Michael Tsokos, Jahrgang 1967, leitet das Institut für Rechtsmedizin der Charité und das Landesinstitut für gerichtliche und soziale Medizin in Berlin. Als Mitglied der Identifizierungskommission des Bundeskriminalamtes war er an zahlreichen rechtsmedizinischen Projekten im In- und Ausland beteiligt, u. a. 1998 in Bosnien. Für seinen Einsatz als einer der ersten deutschen Rechtsmediziner bei der Identifizierung deutscher Tsunami-Opfer in Thailand erhielten er und das deutsche Team 2005 den Medienpreis Bambi. Michael Tsokos wurde für seine wissenschaftlichen Leistungen mit zahlreichen nationalen und internationalen Preisen ausgezeichnet.

Michael Tsokos
unter Mitarbeit von Veit Etzold
und Lothar Strüh

Dem Tod auf der Spur

Zwölf spektakuläre Fälle
aus der Rechtsmedizin

Ullstein

Die in diesem Buch geschilderten Fälle aus der Rechtsmedizin entsprechen allesamt den Tatsachen. Alle Namen der genannten Personen und Orte des Geschehens wurden anonymisiert. Etwaige Übereinstimmungen oder Ähnlichkeiten wären rein zufällig. Außerdem sind alle Dialoge und Äußerungen Dritter im Buch nicht zitiert, sondern ihrem Sinn und Inhalt nach wiedergegeben.

Besuchen Sie uns im Internet:
www.ullstein-taschenbuch.de

Umwelthinweis:
Dieses Buch wurde auf chlor- und säurefreiem Papier gedruckt.

Originalausgabe im Ullstein Taschenbuch
1. Auflage Mai 2009

Umschlaggestaltung: HildenDesign, München
Umschlagfoto: Siegfried Purschke
Satz: KompetenzCenter, Mönchengladbach
Druck und Bindearbeiten: CPI – Ebner & Spiegel, Ulm
Printed in Germany
ISBN 978-3-548-37262-4

Inhalt

Ein Wort in eigener Sache

Das Ziel allen Lebens ist der Tod, sagte Sigmund Freud. Damit hat er ins Schwarze getroffen, denn jeder Mensch stirbt schließlich irgendwann – entweder eines natürlichen oder eines nicht-natürlichen Todes.

Ein natürlicher Tod ist krankheits- oder altersbedingt. »Nicht-natürlich« nennen wir all die Todesfälle, die von außen verursacht oder bewusst herbeigeführt werden, z. B. durch Verbluten nach Schuss- oder Stichverletzungen, ein Schädel-Hirn-Trauma nach einem Verkehrsunfall, Schläge gegen den Kopf oder auch eine Vergiftung, sei es mit Medikamenten, Drogen oder anderen Substanzen.

Wir Rechtsmediziner kommen immer dann ins Spiel, wenn Zweifel an einer natürlichen Todesursache bestehen. Und das ist deutlich häufiger der Fall, als man allgemein denkt. In all diesen Fällen ist es unsere Aufgabe, Licht ins Dunkel zu bringen – für die Ermittler wie für die Hinterbliebenen.

Durchschnittlich 900.000 Todesfälle ereignen sich pro Jahr in Deutschland, gut drei Prozent davon sind nicht-natürlicher Art. Das heißt: Drei von hundert Menschen in unserem Land sterben nicht durch Krankheit oder Alter, sondern durch Unfall, Mord oder Suizid. Das allein ist erschreckend genug. Was die Sache noch erschreckender macht: Viele nicht-natürliche Todesfälle bleiben unerkannt, weil bei der Feststellung der Todesursache kein Rechtsmediziner hinzugezogen wird. Weil mancher Tod natürlich erscheint, es aber nicht ist.

Tote haben leider immer noch keine Lobby, frei nach Sabine Rückert[1]. Und während in angelsächsischen Ländern und den USA ein amtlich bestellter und speziell ausgebildeter Leichenbeschauer – ein *Coroner* oder *Medical Examiner* – jeden Toten untersucht, bevor er bestattet wird, kann bei uns ein Arzt jeder Fachdisziplin, sei er Labormediziner, Gynäkologe, Orthopäde, Pharmakologe oder Allgemeinmediziner, die Leichenschau durchführen. Ein Arzt kann bei einer äußeren Leichenschau aber kaum erkennen, ob der Verstorbene z.B. von seinen Verwandten mit Herzglykosiden oder anderen Medikamenten vergiftet wurde. Auch eine dezente Einstichstelle, an der z.B. Luft in eine Vene injiziert wurde, kann sich leicht der Aufmerksamkeit des rechtsmedizinisch nicht erfahrenen Leichenbeschauers entziehen. Häufig ist es ja der Hausarzt, der von der Familie zur Feststellung des Todes gerufen wird. Eben der Arzt, der den Verstorbenen vor dem Tod behandelt hat. Dieser Arzt könnte leicht das Missfallen der Familie erregen und dadurch auch seine Patienten verlieren, wenn er nun anfinge, grelles Licht anzuschalten, den Verstorbenen vollständig zu entkleiden, von allen Seiten zu untersuchen, in jede Körperöffnung zu schauen oder explizit, gegebenenfalls sogar vor den Angehöri-

1 S. Rückert, Tote haben keine Lobby. Die Dunkelziffer der vertuschten Morde, Hamburg 2000.

gen, nach Würgemalen zu suchen. Auch das Durchwühlen des Mülleimers vor Ort, um zu schauen, ob sich darin nicht irgendwelche Medikamentenfläschchen oder Spritzen befinden, würde bei den Angehörigen sicher nicht auf Wohlwollen stoßen. Hat der Arzt dann aber den Totenschein auf natürlichen Tod erst einmal ausgestellt, ist es meist zu spät. Ist der Verstorbene erdbestattet, können in der Regel nur äußerst gravierende Gründe eine Exhumierung bewirken. Und ist der Leichnam erst kremiert, also verbrannt, ist alles zu spät. Eine Stunde im Krematorium bei 800 bis 1.000 Grad vernichtet jeden Beweis. Von dem Verstorbenen ist nach der Kremation nichts weiter als ein Häufchen Asche übrig. Dann kann man nicht einmal mehr die Identität des Toten über eine DNA-Analyse nachweisen, geschweige denn Gift oder äußere Gewaltanwendung.

Für eine »Komplettversorgung« wie etwa in den USA bräuchten wir allerdings auch deutlich mehr forensische Spezialisten. In Deutschland gibt es zurzeit nur etwa 250 ausgebildete Rechtsmediziner – vermutlich so wenig wie in keiner anderen medizinischen Disziplin.

Mein Weg in diesen Beruf begann vor mehr als zwanzig Jahren eher unspektakulär. Bei der Bundeswehr sagte mir ein Kamerad, dass man zwei freie Tage bekäme, wenn man sich für den damals noch üblichen »Medizinertest« anmelde. Dieser Medizinertest konnte eine durchschnittliche oder schlechte Abiturnote neutralisieren und ermöglichte bei sehr gutem Abschneiden sogar den Zugang zum Medizinstudium ohne Wartezeit.

Ich nahm am Medizinertest teil, bestand ihn und begann kurz darauf das Medizinstudium.

Wie ich es damals geschafft habe, nach Studentenpartys und nur zwei bis drei Stunden Schlaf morgens um sieben Uhr im Anatomiesaal zu stehen, ist mir heute ein Rätsel.

Während des Studiums weckte dann auch zuerst die Anatomie mein Interesse, und ich schwankte ständig zwischen den Überlegungen, später Chirurg, Pathologe, Neurologe, Psychiater oder doch Internist oder Kardiologe zu werden. Als ich dann in einem der letzten Semester, kurz vor dem Staatsexamen, die Vorlesung im Fach Rechtsmedizin hörte, wusste ich, worauf ich immer gewartet hatte. Hier schienen alle Fäden zusammenzulaufen, hier fand ich zum einen auf Grundlage der Anatomie und Pathologie den gesamten medizinischen Fächerkanon wieder, zum anderen reizte mich die psychologische Komponente. Kein anderer Arzt schaut so tief in die menschlichen Abgründe wie der Rechtsmediziner.

Seit meiner damaligen Entscheidung, mich auf Rechtsmedizin zu spezialisieren, sind fast zwei Jahrzehnte vergangen, davon 15 Jahre in der Rechtsmedizin. In dieser Zeit habe ich etwa 9.500 Obduktionen verantwortlich durchgeführt, war bei mehr als 14.000 weiteren Obduktionen zugegen und habe in den verschiedensten Leichenhallen und Krematorien Norddeutschlands etwa 33.000 äußere Leichenschauen durchgeführt. An den beiden rechtsmedizinischen Instituten in Berlin, deren Direktor ich bin – dem Institut für Rechtsmedizin der

Charité und dem Landesinstitut für gerichtliche und soziale Medizin –, werden pro Jahr knapp 2.000 Obduktionen durchgeführt.

Ich werde oft gefragt, wie ich es aushalte, in diesem Beruf zu arbeiten, täglich auf so direkte Weise mit dem Tod konfrontiert zu werden. Die Frage ist berechtigt, denn ich habe mit Sicherheit mehr Leid und Grauen gesehen als 99 Prozent der Menschen in unserer Gesellschaft. Feuerwehrleute und Polizisten, die schreckliche Dinge gesehen haben, werden psychologisch betreut, bekommen professionelle Supervision. Wie also verarbeite ich meine Eindrücke?

Ich kann Ihnen versichern, ich bin weder drogenabhängig noch Feierabendalkoholiker, weder depressiv noch traumatisiert. Ich schlafe nachts sehr gut und bin noch nie aus Alpträumen hochgeschreckt, die irgendetwas mit meinem Beruf zu tun hatten. Auch wenn mein Job wie kein anderer ist, kompensiere ich den Stress, die Anspannung und auch die besonderen Herausforderungen, die dieser Beruf mit sich bringt, genau so, wie es »normale« Arbeitnehmer bei ihren »normalen« Jobs machen: mit Laufen an der Spree oder im Tiergarten, Wochenenden an der Ostsee mit meiner Familie, Treffen mit Freunden, mit Kino, Theater oder einem spannenden Buch. Und auch wenn wir im Sektionssaal keine Musik hören, wie es bei den Kollegen im Fernsehen zuweilen der Fall ist, so ziehen wir Rechtsmediziner nicht mit Leichenbittermiene durchs Leben. Und in der Art, wie wir miteinander umgehen, sind wir nicht anders als andere erfolgreiche Teams in ihren Berufen. Aber etwas ist sowohl für mich als auch für meine Kolleginnen und Kollegen sehr wichtig: In unserem Beruf muss man objektiv bleiben und Distanz halten: zu dem Geschehen, zu den Opfern, zu den Tätern und zu den eigenen Emotionen. Wir sind Sachverständige, keine Prediger und keine Richter. Emotionen würden uns die Objektivität nehmen, die wir brauchen, um die Wahrheit ans Licht zu bringen. Die Toten können nichts mehr erzählen. Also versuchen wir für sie zu sprechen, indem wir das herausfinden, was sie uns nicht mehr sagen können. Das ist unser Job. Das heißt nicht, dass alles, was es auf der Welt gibt, an uns abprallt, ohne dass es uns emotional berührt. So kann ich mir zum Beispiel nicht vorstellen, als Arzt auf einer Kinderkrebsstation zu arbeiten, wo man täglich das Leiden der kleinen Patienten sieht und oft nicht mehr helfen kann.

Die Schicksale der Verstorbenen, die auf meinem Obduktionstisch im »Saal« landen, sind oft furchtbar, und natürlich ist mir das auch bewusst. Dennoch ist meine Arbeit in erster Linie berufliche Routine. Die besteht im Erheben von Befunden und ihrer Dokumentation, im Sammeln und Auflisten von Fakten, die auf naturwissenschaftlichen Kausalitätsprinzipien beruhen und ausgewertet werden. Wir Rechtsmediziner liefern gerichtsfeste, harte Daten, das ist das Einzige, was wir für die Opfer und ihre Angehörigen tun können. Und es ist die einzig mögliche Art und Weise, unserer übergeordneten Aufgabe gerecht zu werden, die aus meiner Sicht in dem nach wie vor gültigen Diktum besteht: *Mortui vivos docent* – die Toten lehren die Lebenden. Oder umgekehrt ausgedrückt: Die Lebenden lernen von den Toten.

Wie das? Ist die Rechtsmedizin nicht eine Hilfswissenschaft der Juristerei, die erst dann in Erscheinung tritt, wenn es eigentlich zu spät ist, die zum Einsatz kommt, wenn das »Kind längst in den Brunnen gefallen ist«? Ganz und gar nicht. Dem Menschen, der als Toter in unserem Institut landet, können wir natürlich nicht mehr helfen. Aber die Resultate unserer Untersuchungen helfen den Lebenden.

So ist die Rechtsmedizin neben der Pathologie die Qualitätskontrolle der Medizin schlechthin. Zu unseren Aufgaben gehört es nämlich auch, zu erkennen, ob eine Operationsmethode oder medikamentöse Behandlung versagt hat oder ob Krankheiten nicht rechtzeitig erkannt worden sind und daraus der Tod eines Patienten resultierte. Das ist von besonderer Bedeutung, wenn man bedenkt, dass es in der Medizin ständig neue operative oder medikamentöse Behandlungsmethoden gibt.

Indem die Rechtsmedizin Klarheit darüber bringt, wann, wo und unter welchen Umständen ein Mensch zu Tode gekommen ist, können Mörder und andere Gewaltverbrecher überführt und so weitere potentielle Opfer vor ihnen geschützt werden.

Und schließlich besteht ein wichtiger Teil der rechtsmedizinischen Arbeit darin, unbekannte Leichen zu identifizieren, oft welche, die kaum mehr zu erkennen sind. So können wir den Angehörigen immerhin einen letzten Dienst erweisen, denn ich kann mir kaum etwas Schlimmeres vorstellen, als in ständiger Ungewissheit zu leben, ob ein geliebter Mensch, der vermisst wird, tot oder noch am Leben ist. Ich kenne aus meiner eigenen beruflichen Erfahrung nicht wenige Fälle, in denen Familien darüber zerbrachen und manch einer sein Heil im Alkohol oder gar im Suizid gesucht hat. Möglichst vielen Angehörigen das unerträgliche Hin und Her zwischen Hoffen und Bangen zu ersparen ist sicher nicht weniger wichtig, als zur Aufklärung eines Mordes beizutragen.

Rechtsmediziner zu sein heißt also ganz und gar nicht, sich nur mit dem Tod zu beschäftigen. Stattdessen beschäftigen wir uns aus Sicht des Todes mit dem Leben – und den Lebenden.

Und manchmal stehen wir Rechtsmediziner auf eine sehr spezielle und eigenartige Weise »mitten im Leben«: Als in den neunziger Jahren das oft tödlich endende S-Bahn-Surfen in Mode kam, wurden Rechtsmediziner als Erste Zeugen dieses neuen »Trends«. Genauso war es bei den »Crash Kids«, Jugendlichen, die sich mit gestohlenen Wagen halsbrecherische Rennen lieferten, in der Hoffnung, dass es der Airbag schon richten wird. Tut er auch häufig, aber halt nicht immer. »Komasaufen«, selbsthergestellte Designerdrogen, die tödlich wirken, satanistische Tötungsrituale, Serienmorde oder Sexpraktiken mit tödlichem Ausgang – die Opfer landen zuerst bei uns auf dem Obduktionstisch, meist unbemerkt von Medien und Öffentlichkeit. Und seien Sie versichert, lieber Leser, Sie wollen gar nicht wissen, was alles nicht publik gemacht wird. Denn sonst könnten Sie – im Gegensatz zu mir – nicht mehr ruhig schlafen.

Ein weiteres Beispiel gefällig? Rohstoffpreise sind in letzter Zeit stark gestiegen, insbesondere für Kupfer. Sie meinen, das interessiert nur Börsianer? Weit gefehlt.

Manche Menschen ziehen mit Bolzenschneidern los, um Kupferkabel zu stehlen. Allerdings stehen diese Kabel häufig unter Starkstrom. Die verkohlten Leichen mit den Bolzenschneidern landen dann bei uns auf dem Sektionstisch.

Wie Sie sehen, gibt es also gute Gründe, den Tod näher in Augenschein zu nehmen. Das hat sich offenbar schon vor einiger Zeit herumgesprochen, denn in den letzten Jahren hat die Rechtsmedizin einen regelrechten Boom erfahren. Allerdings hauptsächlich in der bunten Welt der Medien. Amerikanische Fernsehserien wie *CSI*, *Crossing Jordan* oder *Autopsy* haben eine begeisterte Anhängerschaft, und auch in den Krimis und Thrillern auf dem Buchmarkt und im Kino werden immer häufiger und detaillierter Obduktionen beschrieben und forensische Aspekte berücksichtigt. Ebenso liest man immer häufiger in der Presse von Obduktionsergebnissen, toxikologischen Befunden und Aussagen der Staatsanwaltschaft zu einem Ermittlungsverfahren, die sich auf rechtsmedizinische Untersuchungsergebnisse stützen.

Leider jedoch ist vieles von dem, was in Romanen, TV-Serien und Kinofilmen an rechtsmedizinischen Zusammenhängen in Umlauf gebracht wird, so fiktional wie die erfundenen Figuren. Deshalb habe ich mich entschlossen, dieses Buch zu schreiben. Damit Interessierte mehr über den tatsächlichen Alltag eines Rechtsmediziners erfahren und über die Details der nicht immer alltäglichen Recherchen am toten menschlichen Körper.

In diesem Buch werde ich von zwölf Todesfällen berichten und anhand dieser Fälle, die sich alle genau so ereignet haben und von mir in den letzten Jahren untersucht worden sind, die Methoden und Untersuchungstechniken der Rechtsmedizin erläutern. In manchen Kapiteln geht es mehr um den Fall und die Rätsel, vor denen die Ermittler standen, in anderen erfahren Sie mehr über Zusammenhänge und Phänomene wie »Leichendumping« oder »Suizidales Höhlenverhalten«. Namen, Daten und Orte habe ich selbstverständlich geändert (außer im allgemein bekannten und medial bereits ausführlich dargestellten Fall Jessica), um die Persönlichkeitsrechte der Toten und ihrer Angehörigen zu schützen.

Es sind nicht die »Brisanten Fälle auf dem Seziertisch«, wie ein emeritierter Kollege sein Buch nannte, sondern es ist die alltägliche Arbeit des Rechtsmediziners, die die Menschen interessiert. Und so müssen Sie hier auch nicht zum zwanzigsten Mal lesen, wie Marilyn Monroe starb, oder neue Verschwörungstheorien zum Attentat auf John F. Kennedy über sich ergehen lassen. Stattdessen gebe ich Ihnen einen Einblick in den rechtsmedizinischen Arbeitsalltag.

Tötungsdelikte, also Todesfälle durch Mord und Totschlag, sind für den erfahrenen Rechtsmediziner vergleichsweise einfach zu bearbeiten. Mit wie vielen Messerstichen ein Mensch getötet wurde, aus welcher Richtung und mit welcher Wucht sie auf das Opfer trafen und auch, welche Art von Messer (einschneidig, zweischneidig, mögliche Klingenlänge und -breite) die Verletzungen verursachte, all das sind Routinefeststellungen, die »lediglich« gute medizinische und physikalische Grundkenntnisse und eben rechtsmedizinische Erfahrung voraussetzen. Spannender sind die Todesfälle, die keine öffentliche Aufmerksamkeit durch Fernsehen oder Printmedien bekommen, Fälle, die zur täglichen Routinearbeit im Sektionssaal gehören und sehr wohl rechtsmedizinisch wie kriminalistisch anspruchsvoll sind. Bei diesen Fällen ist neben unserem rechtsmedizinischen Handwerkszeug auch eine gehörige Portion Kombinationsgabe und Akribie bei der Rekonstruktion der Geschehnisse gefragt. Und gerade das Beachten kleiner Details (die oft genug den Weg zur Lösung des Falls weisen) zeichnet im Verbund mit einer großen Hartnäckigkeit den guten Rechtsmediziner aus. Da muss es nicht immer *brisant* zugehen.

Kaum jemand kennt die Grundlagen, Methoden und Techniken unserer täglichen Obduktionspraxis oder weiß Näheres über die tatsächliche Rolle der Rechtsmedizin. So laufen kriminalistische Ermittlungen nicht in der Rechtsmedizin zusammen, wie es manchmal gerne dargestellt wird, sondern die Ergebnisse unserer Arbeit sind häufig nur Teile in einem großen Puzzle, wenn auch meist entscheidende.

Beim Lesen dieses Buches werden Sie Zeuge, wie meine Kollegen und ich Beweise sammeln, Ungereimtheiten nachgehen und Obduktionsprotokolle erstellen. Sie werden erleben, wie das rechtsmedizinische Team Licht in das Dunkel bringt, in dem zunächst noch die Nacht des Todes herrscht.

Der Beruf des Rechtsmediziners ist wie kein anderer. Und auch die hartgesottensten Thriller-Fans unter

Ihnen werden mir am Ende des Buches zustimmen, wenn ich sage: Die Fiktion ist nicht *bigger than life* – es ist genau umgekehrt.

Michael Tsokos
Berlin, im Frühjahr 2009

Die (un)bekannte Wahrheit – ein erster Blick hinter die Kulissen

Jeder, der hin und wieder einen Krimi liest oder sich im Fernsehen einen »Tatort« oder auch im Kino einen amerikanischen Thriller ansieht, weiß längst, wie es in einem Obduktionssaal zugeht:

Der Rechtsmediziner arbeitet grundsätzlich allein in seinem im Keller gelegenen weiß gekachelten Raum. Jede weitere Person wäre nur Ablenkung, außerdem kann man den Angehörigen bei der Identifizierung des Toten nicht mehrere Zuschauer zumuten. Das Licht dort unten ist absichtlich etwas diffus, um den Schock zu mindern, den der Tod auch für den zuständigen Rechtsmediziner bedeutet.

Der Stahltisch mit der zu begutachtenden Leiche steht meist in der Mitte des karg eingerichteten Saals. Dort bleibt die oder der Tote so lange liegen, bis für die Mordkommission, wenn es sich denn um Mord handelt, der Fall abgeschlossen ist. Der Grund ist einleuchtend: Durch den Verlauf der Ermittlungen können sich immer wieder neue Fragen ergeben, die sich dann gleich an der Leiche beantworten lassen. Es gibt aber auch noch einen zweiten Grund: Auch von dem hartgesottensten Profi kann man nicht erwarten, die komplette Obduktion an einem Stück vorzunehmen, deshalb wird sie zumeist auf drei oder mehr Tage verteilt.

Zuletzt darf auch nicht verschwiegen werden, dass Rechtsmediziner fast immer einen Spleen pflegen. Das hilft ihnen, mit ihrem grausamen Berufsalltag fertig zu werden. Die einen sind chronisch schlecht gelaunt, grundsätzlich wortkarg und gehen davon aus, dass die Ermittler der Kriminalpolizei ihnen nur das Leben schwermachen wollen. Ihr Markenzeichen: Sie nuscheln immer vor sich hin. Die anderen hören beim Obduzieren Opern, um sich auch in der Begegnung mit dem Tod dem Schönen und Erhabenen zuzuwenden, und wollen für ihre sorgfältige Arbeit dauernd gelobt werden.

Womit man immer rechnen muss, ist, dass der Rechtsmediziner eine Glatze hat und sein Brötchen neben der Leiche isst. Und Frauen sind hier gar nicht erlaubt …

Zugegeben, nicht alle Krimi- und Drehbuchautoren schreiben so gezielt an der Wahrheit vorbei, trotzdem haben nur sehr wenige Menschen außerhalb der Rechtsmedizin eine Vorstellung davon, wie es im Obduktionssaal wirklich zugeht.

Vor allem reißerische TV-Serien, in denen das Unmögliche möglich gemacht wird und die rechtsmedizinischen Helden mit Hightech und an hellseherische Fähigkeiten grenzendem Spürsinn den Tathergang rekonstruieren und den Täter überführen, verschleiern und verzerren die Arbeit des Rechtsmediziners eher, als dass sie sie erhellen. Da werden in wenigen Stunden ganz neue wissenschaftliche Methoden entwickelt, und es werden Thesen vertreten, bei denen sich dem professionellen Rechtsmediziner die Haare sträuben.

All das kennen Sie möglicherweise schon sehr gut, sonst hätten Sie vielleicht dieses Buch gar nicht gekauft. Die Welt hingegen, in die ich Sie entführen werde, ist nicht die Welt der Fernsehserien. Rechtsmediziner sind keine durchgestylten Schnösel in Designeranzügen, die mehr Zeit beim Essen mit attraktiven Staatsanwältinnen verbringen als bei ihrer Arbeit. Und eine Schusswaffe tragen wir auch nicht mit uns herum. Wir sind auch keine kauzig zurückgezogenen, graugesichtigen Eigenbrötler, die selbst schon wie Leichen aussehen. Im Gegenteil: Auch wenn wir mit Toten zu tun haben, sind wir äußerst lebendig und haben Spaß am Leben, gerade weil wir tagtäglich mit der Allgegenwart des Todes konfrontiert werden und daher nur allzu gut wissen, wie schnell das Leben plötzlich vorbei sein kann.

Deshalb halte ich es für sinnvoll, hier zunächst einmal die grundlegenden Dinge unserer Arbeit und unseres Arbeitsalltags vorzustellen, bevor ich zu den einzelnen Todesfällen komme.

Als Erstes und Wichtigstes: Ich bin kein Pathologe! Tatsächlich werden wir Rechtsmediziner in den meisten Fernsehkrimis als »Pathologen« tituliert. Dabei haben Rechtsmediziner und Pathologen zwei vollkommen unterschiedliche Facharztausbildungen mit ebenso unterschiedlichen Aufgabengebieten.

Pathologen überprüfen klinische Diagnosen und benötigen für die Durchführung einer Obduktion das Einverständnis der Angehörigen des Verstorbenen. Sie beschäftigen sich mit Todesfällen, die Folge innerer Erkrankungen sind, wie z. B. Diabetes oder ein fortgeschrittenes Krebsleiden. Der Rechtsmediziner beschäftigt sich hingegen überwiegend mit nicht-natürlichen, eben nicht krankheitsbedingten Todesfällen. Und wir benötigen auch kein Einverständnis der Angehörigen – was sicher einleuchtend ist, denn bei sehr vielen Verbrechen stammt der Täter aus dem direkten, häufig familiären Umfeld des Getöteten. In unserem Fall wird die Obduktion von einem Richter oder Staatsanwalt angeordnet, und der Verstorbene wird erst an die Angehörigen bzw. das von ihnen beauftragte Bestattungsunternehmen übergeben, wenn seitens der Rechtsmedizin keine Bedenken mehr bestehen.

Der Obduktionssaal ist auch mitnichten ein schummeriges Kellergewölbe, in dem nur wenige Lampen brennen und in dessen Mitte, wie ein Altar, der Sektionstisch mit der Leiche steht, genauso wenig wie wir Rechtsmediziner blasse Gestalten mit großen Hornbrillen sind, die tagelang in gekachelten Räumen an der gleichen Leiche herumdoktern.

In unserem Sektionssaal in Berlin-Moabit stehen fünf Sektionstische nebeneinander, an denen auch fast immer parallel gearbeitet wird. Das Licht ist genauso hell wie im Operationssaal eines Krankenhauses – sonst würde man nämlich nicht genug sehen! –, und es arbeitet nicht nur ein Mediziner an einer Leiche, sondern immer ein ganzes Team: neben dem zuständigen Rechtsmediziner ein weiterer Arzt, ein oder zwei Sektionsassistenten, mehrere Medizinstudenten, die ihr Praktikum in der Rechtsmedizin machen, und meist auch ein oder zwei Gastärzte aus anderen Ländern, die die Berliner Rechtsmedizin besuchen, um von uns zu lernen. Bei mutmaßlichen Mordfällen stehen auch die diensthabende Staatsanwältin oder der Staatsanwalt dabei und auch die Kollegen von der Kripo: Ermittler, Polizeifotografen sowie Techniker von der Spurensicherung bzw. Kriminaltechnik.

Außenstehende, wie Leute von der Presse und anderen Medien oder Buchautoren, die die Erlaubnis erhalten, einige Stunden oder manchmal auch Tage in der Rechtsmedizin zuzusehen, wundern sich stets vor allem über die normale und gelöste Arbeitsatmosphäre: Bei uns und überall sonst in den rechtsmedizinischen Instituten wird geredet und gescherzt wie an anderen Arbeitsplätzen auch. Die meisten fühlen sich bei uns im Sektionssaal an eine Werkstatt erinnert, in der verschiedene Leute einander zuarbeiten – und genau so ist es auch.

Was Laien ebenso wundert: Viele Prozesse laufen parallel ab und nicht nacheinander. Während einer der Ärzte Bauch- und Brusthöhle öffnet, sägt ein Sektionsassistent die Schädeldecke auf. Letzteres geschieht oft schon während der Leichenschau. Entnommene Organe werden sofort auf dem »Organtisch« – einem kleinen Metalltisch oberhalb des Sektionstisches – untersucht. Dadurch, dass zugleich an fünf Obduktionstischen gearbeitet wird, kommt es vor, dass man plötzlich vom Lärm einer Säge übertönt wird, wenn man auf Band spricht oder sich mit einem Kollegen verständigt. Dann muss man eben lauter sprechen oder etwas zweimal sagen. Und Assistenten, die gerade an ihrem Tisch nicht gebraucht werden, sehen sich bei den Kollegen um, weil es immer etwas Neues zu lernen gibt.

Übrigens: Ungefähr die Hälfte unseres Teams ist weiblich. Von einem Männerberuf kann hier also keine Rede sein.

Jede einzelne Obduktion folgt in der Rechtsmedizin einem klar geregelten Ablauf und wird grundsätzlich zu zweit durchgeführt. Das ist in der Strafprozessordnung so festgelegt, denn bekanntlich sehen vier Augen mehr als zwei. Zunächst wird der Zustand der Leiche nur oberflächlich begutachtet. Oberflächlich heißt hier: ohne die Leiche oder Teile derselben zu öffnen. Diese erste, sehr wohl eingehende und detaillierte Betrachtung nennt man »äußere Leichenschau«. Alle Befunde, die sich dabei ergeben, spricht der Rechtsmediziner für das schriftliche Obduktionsprotokoll in ein Diktiergerät.

Nach der Leichenschau folgt die eigentliche Obduktion, auch als »innere Leichenschau« bezeichnet. Immer wieder werden meine Kollegen und ich gefragt, was eigentlich der Unterschied zwischen *Obduktion*, *Autopsie* und *Sektion* ist. Alle lesen oder sehen Krimis, und es gibt die wildesten Theorien über mögliche Unterschiede. Die Antwort ist: Es gibt keinen. Die verschiedenen Begriffe werden längst synonym gebraucht, auch wenn sie aus verschiedenen Aspekten der rechtsmedizinischen Untersuchung entstanden sind: Obduktion ist vom lateinischen *obducere* abgeleitet, was so viel bedeutet wie »nachträglich hinzuziehen«. Etymologisch gesehen ist die Obduktion also die Überprüfung der vermuteten Todesursache. Herkunft des Wortes Sektion ist das ebenfalls lateinische *secare*: schneiden. Autopsie ist griechisch und heißt so viel wie »eigener Augenschein«, von *autos* = selbst und *opsein* = sehen.

Gemäß § 89 StPO müssen bei der gerichtlich angeordneten Obduktion alle drei Körperhöhlen des Verstorbenen geöffnet werden: Brusthöhle, Bauchhöhle und Kopfhöhle. Brust- und Bauchhöhle können unterschiedlich geöffnet werden. In den USA und auch in den meisten deutschen Instituten wird bei Männern der berühmte »Y-Schnitt« gemacht: zwei Schnitte von den Schultern zum oberen Ende des Brustbeins und dann von hier hinunter bis zum Becken. Weibliche Leichen öffnet man auch mit dem sogenannten »U-Schnitt«, der vom Schlüsselbein rechts und links U-förmig bis zum Bauch läuft. Beide Schnitte werden deshalb so vorgenommen, damit ein Leichenhemd die Nähte verdecken kann, wenn die Leiche aufgebahrt wird. Da nicht nur »normale« Frauenbekleidung gelegentlich tiefer dekolletiert ist, sondern Leichenhemden für Damen meist ebenso, wird bei Frauen eben manchmal der U-Schnitt angewandt, durch dessen Form man selbst bei einem tiefen Ausschnitt keine Naht sieht. In Berlin allerdings werden die meisten Leichen nirgendwo aufgebahrt, daher begnügen wir uns mit einem senkrechten Schnitt vom Hals bis zur Hüfte. Dann klappen wir die Hautpartien inklusive des darunterliegenden Unterhautfettgewebes auseinander, durchtrennen und entfernen die Rippen und das Brustbein, um schließlich Herz und Lunge entnehmen zu können. Beim Kopf wird die Kopfhaut aufgeschnitten und – wie beim Skalpieren – über das Gesicht des Toten gezogen, damit der Schädelknochen freiliegt. Dann sägen wir den Schädel auf und entnehmen das Gehirn.

Der Schädel wird mit einer »Oszillationssäge« aufgesägt, ähnlich einer Kreissäge, die sich allerdings nicht dreht, sondern mit hoher Geschwindigkeit hin und her schwingt (von lat. *oscillare* = schwingen) und dadurch sehr viel effektiver ist als z. B. eine echte Kreissäge oder eine Stichsäge.

Alle inneren Organe aus Kopf-, Brust- und Bauchhöhle werden auf Erkrankungen, die schon vor dem Tode bestanden, und Zeichen von Gewalteinwirkung untersucht. Dabei entnehmen wir auch Gewebe- und Blutproben, die bei uns Rechtsmedizinern »Asservate« heißen (von lat. *asservare* = verwahren) und entsprechend den Vorgaben der Strafprozessordnung quasi »sichergestellt« werden. Diese Gewebeteilchen oder Blutproben geben wir bei entsprechendem Verdacht in die Toxikologie, wo sie weiter untersucht werden. Die Kollegen dort überprüfen sie auf Rückstände von Medikamenten, Drogen oder anderen Giften. Die Gewebeteilchen werden auch unter dem Mikroskop geprüft und Blut oder Gewebeproben für eventuelle DNA-Analysen zurückgehalten. Alle Asservate werden, bis das jeweilige Ermittlungsverfahren abgeschlossen ist, in einem speziell gesicherten Raum, der Asservatenkammer, verwahrt. Je nachdem, um welches Gewebe es sich handelt und wie es weiter untersucht werden soll, werden die Gewebeproben entweder gekühlt, tiefgefroren, luftgetrocknet und dann steril verpackt oder in Alkohol oder Formalinlösung aufbewahrt. Wenn es nach Abschluss der Obduktion noch Fragen vonseiten der Kripo oder Staatsanwaltschaft gibt, können wir auf diese Asservate zurückgreifen, um weitere Analysen vorzunehmen, z.B. um nach bestimmten Giften zu suchen.

Die sezierten Organe werden am Ende wieder in den Leichnam zurückgelegt, die Leiche wird von der Sektionsassistentin oder dem Sektionsassistenten zugenäht und dann erdbestattet oder eingeäschert. Das Tonband, auf dem die Beobachtungen und Befunde während der Obduktion diktiert worden sind, wird zur Ermittlungsakte gegeben, eine Sekretärin des Instituts verfasst daraus einen Bericht und fügt diesen wiederum der Ermittlungsakte bei. Danach geht die Akte an die Staatsanwaltschaft.

Und wie lange dauert nun eine solche Obduktion?

Wenn wir auf der Straße eine Umfrage zu dem Thema starten würden, erhielten wir wohl häufig die Antwort: »Ein paar Tage.« Auch das haben wir den Krimiautoren zu verdanken, die Leichen unbedachterweise halbe oder ganze Wochen in der Rechtsmedizin herumliegen lassen, je nachdem, wie lange der Hauptkommissar oder Detective für seine Ermittlungen braucht. Dieser steht dann bleich in der Ecke oder, wenn er hartgesotten ist, direkt neben dem Rechtsmediziner, der sich über die Aufmerksamkeit freut und neben der Leiche Reden schwingt, als halte er eine Lehrstunde ab.

Das sieht dann aus, als wäre der Tote über Tage hinweg ein ständiger Begleiter des Rechtsmediziners und als würde der ihn immer wieder aufs Neue öffnen, um nach anderen Details zu fahnden.

In Wahrheit dauert eine Obduktion im Durchschnitt zwei bis drei Stunden. Je nach Todesursache oder Komplexität des vorangegangenen Verbrechens kann eine Obduktion schneller beendet sein oder länger dauern. So sind manche Obduktionen nach anderthalb Stunden beendet, während die längste Obduktion, die ich bisher durchgeführt habe, fast 16 Stunden dauerte. Der Täter hatte hier ein achtjähriges Mädchen verschleppt, entkleidet, sexuell missbraucht und danach wieder angekleidet. Irgendwann innerhalb dieser Zeitspanne war das Mädchen getötet worden. Bevor wir mit der eigentlichen Obduktion, also der Öffnung der Körperhöhle anfangen konnten, mussten wir zunächst einmal jede Kleidungsschicht entfernen und analysieren, gemeinsam mit den Kriminaltechnikern Faser- und Gewebespuren asservieren, um auch hier den Tathergang genau rekonstruieren zu können und dabei – das ist in solchen Fällen das Wichtigste! – DNA-taugliches Material des Täters nachzuweisen, mit dem wir ihn schließlich auch überführen konnten.

Eins kann ich Ihnen nur sehr indirekt vermitteln: den Geruch einer Leiche. Ich selbst nehme diesen Geruch kaum noch wahr, und Sie sind vermutlich dankbar, beim Lesen keine Bekanntschaft damit zu machen. Dennoch gehört er zu meinem Berufsalltag dazu, weshalb ich ihn den interessierten Lesern nicht vorenthalten mag: Denken Sie an ein Steak, dessen Überreste Sie im Sommer in den Mülleimer geworfen haben. Nach drei Wochen kommen Sie erholt und gut gebräunt aus dem Urlaub zurück und stellen fest, dass Sie vergessen haben, den Mülleimer auszuleeren. Sie müssen es nicht ausprobieren, aber so in etwa können Sie sich den Geruch vorstellen. Der schlimmste Geruch kommt übrigens von Wasserleichen. Nehmen Sie statt des Steaks einen Fisch und lassen Sie ihn statt der drei einfach vier Wochen oder länger im Mülleimer …

Zu guter Letzt möchte ich an dieser Stelle einem weitverbreiteten Irrglauben entgegenwirken, auch wenn ich wohl keine Chance habe, ihn aus den Köpfen der Krimileser, Fernsehzuschauer und Kinogänger zu verbannen. Zu viele Roman- und Drehbuchautoren füttern zu hartnäckig das beliebteste Gerücht der Rechtsmedizin: dass Leichen von ihren Angehörigen in den Räumen der Rechtsmedizin identifiziert werden.

Wir alle kennen das Bild, wie Frau oder Mann, Tochter oder Sohn, Mutter oder Vater eines Toten vor der Bahre mit der verdeckten Leiche steht und nach der Enthüllung des Gesichts in Schluchzen ausbricht oder erleichtert aufseufzt. Oder einfach stumm nickt. Doch seit ich als Rechtsmediziner tätig bin, bekam ich noch niemals Besuch von Hinterbliebenen. Bevor wir den Angehörigen in die Leichenhalle bitten und ihm den Anblick der Leiche zumuten, die für ihn früher einmal ein geliebter, lebenslustiger Mensch war, machen wir lieber ordentlich unsere Arbeit.

Die Fälle

Das Skelett auf der Rückbank

Die Szenerie wirkte wie aus einem Actionfilm, aber ich saß nicht im Kino oder vor dem Fernseher, sondern fuhr in meinem Wagen auf den Tatort zu, zu dem ich wenige Minuten zuvor gerufen worden war.

Schon aus drei Kilometern Entfernung hatte ich die Rauchwolke am Himmel erblickt. Während ich mich nun der Straßensperre näherte, standen Einsatzwagen der Feuerwehr und der Polizei auf dem Seitenstreifen der Landstraße, ein Krankenwagen hatte das Blaulicht noch angeschaltet. Polizeibeamte sprachen in Funkgeräte, und Kriminaltechniker in Papieranzügen liefen geschäftig mit ihren Asservatenkoffern hin und her. Ich ging zum Kommissar, der neben dem Hauptobjekt des Interesses stand: einem verkohlten Fahrzeugwrack, das aussah, als wollte es jeden Moment in sich zusammenfallen. Hier, auf der Landstraße zwischen Dunsdorf und Aalsfeld, war der Wagen in voller Fahrt explodiert und anschließend von den Flammen regelrecht verzehrt worden.

Wir Rechtsmediziner werden nur an den Tatort gerufen, wenn der dringende Verdacht eines nicht-natürlichen Todes – also eines Mordes, Suizids oder Unfalls – besteht und zur Rekonstruktion des Tathergangs auch rechtsmedizinisches Know-how erforderlich ist. Beispielsweise werden wir gerufen, um vor Ort festzustellen, ob ein gewaltsamer Tod zu einem Tatwerkzeug passt, das am Tatort hinterlassen wurde, oder ob ein Sturz von der Treppe tatsächlich stattgefunden hat oder fingiert war.

Ich hatte bereits kurz mit dem Kommissar telefoniert. Damit ich mir am Ort des Geschehens ein klareres Bild machen kann, beschaffe ich mir nach Möglichkeit schon vorher detaillierte Informationen. Laut Kripo hatten Augenzeugen berichtet, dass der fahrende Wagen von einer fürchterlichen Explosion erschüttert worden sei, alle Scheiben seien zerborsten, Wrackteile meterweit durch die Luft geflogen. Erst fünfzig Meter vom Explosionsort entfernt sei der Wagen schließlich auf der Gegenfahrbahn zum Stehen gekommen, wo er dann vollständig ausbrannte. Ein Landwirt war dem Kommissar zufolge sofort zum Unfallort gerannt, um zu helfen. Doch wegen der Hitze der Flammen hatte er sich dem Auto nicht nähern können. Er hatte dann die Polizei gerufen, und die verständigte wiederum Notarzt und Feuerwehr.

Jetzt stand der Landwirt neben dem zuständigen Ermittler und schüttelte ungläubig den Kopf: »Dass ein Auto dermaßen brennen kann«, brachte er seine Fassungslosigkeit zum Ausdruck.

Das Fahrzeug, das halb auf der Fahrbahn und halb auf dem Grünstreifen neben der Straße zum Stehen gekommen war, war so zerstört, dass ich nicht einmal erkennen konnte, was für ein Auto es einmal gewesen war. Alle Türen waren aufgerissen, alle Fensterscheiben zerborsten, die Motorhaube stand weit offen. Teile des

Motors waren durch die Druckwelle herausgeflogen und lagen gleich metallenen Innereien auf der Straße. Ein stechender Gestank von Rauch, Benzin und verbranntem Plastik lag in der Luft, vermischt mit dem Geruch des Löschschaums. Die Hitze, die die Explosion verursacht hatte, war so groß gewesen, dass das Fahrzeugunterteil teilweise und die Reifen komplett mit dem Teerbelag der Straße verschmolzen waren.

»Und jetzt werfen Sie mal einen Blick auf die Rückbank«, sagte der Mann von der Kripo schließlich zu mir.

Beißender Qualmgeruch auch hier, die Polsterauflagen der Sitze und die Kunststoffteile der Kabinenverkleidung waren fast vollständig vom Feuer vernichtet worden. Und auf der Rückbank lag rücklings ein verbrannter Leichnam. Er war zu weiten Teilen von den Flammen skelettiert worden. Arme und Beine waren wie bei einem Fötus angewinkelt, als hätte sich das Todesopfer auf diese Weise vor den Flammen schützen wollen. Doch vor solchen Flammen kann einen keine Körperhaltung schützen. Die Explosion und das Feuer waren mit solch vernichtender Kraft über das Opfer hinweggefegt, dass selbst die Schneidezähne im Kiefer verbrannt waren. Am Schädeldach waren Knochen abgesplittert, und aus der Schädelhöhle trat angekohltes Hirngewebe hervor. Das alles war ein ungewöhnlicher und wenig schöner Anblick. Aber wodurch die Sache regelrecht unheimlich wurde: Das Skelett auf der Rückbank war der einzige Insasse des Fahrzeugs. Fahrer- und Beifahrersitz waren leer. Kein Fahrer, kein Beifahrer. Die Ermittler standen vor einem Rätsel, und schon am Tatort wurde heftig über den möglichen Tathergang spekuliert.

»Da kann kein anderer mehr dringesessen haben«, sagte der leitende Ermittler. »Wie soll denn der noch rausgekommen sein?«

»Da muss noch jemand drin gewesen sein«, hielt ein Kriminaltechniker dagegen. »Wer soll denn sonst den Wagen gefahren haben?«

Hatte der Fahrer das Auto kurz vor dem Unfall verlassen? Aber wie? Er hätte während der Fahrt aus dem Wagen springen müssen, und der Landwirt und andere Augenzeugen der Explosion hatten nichts dergleichen beobachtet. Auch die Einsatzkräfte der Polizei, die die Landstraße gesperrt und die Umgebung abgesucht hatten, hatten nur Glassplitter und zerrissene Reste des Airbags gefunden, die während der Explosion aus dem Auto geschleudert worden waren. Und die verbrannte Person hatte das Auto sicher nicht von der Rückbank aus gesteuert.

Was die Sache erschwerte: Wegen der Explosion und des anschließenden Brandes konnten weder der Halter noch das Fabrikat des Pkw ohne weiteres identifiziert werden. »Es könnte ein Audi sein, bin mir aber nicht sicher«, hatte der Kommissar gesagt.

Die zentrale Frage lautete: Warum war der Wagen explodiert? Doch solange es keinen Hinweis auf die Identität des Toten gab, fehlte den Ermittlern ein wesentlicher Ansatzpunkt für ihre Arbeit. Umso mehr war nun die Rechtsmedizin gefragt.

In Fällen wie diesem, bei denen man nicht genau sagen kann, ob es sich um ein Gewaltverbrechen handelt, kommen wir ins Spiel. Meist läuft es so, dass die Kripo im Institut anruft und sich gleichzeitig die Genehmigung zur Obduktion vom Staatsanwalt einholt.

Die Kriminaltechniker machten sich inzwischen daran, die Leiche aus dem Wagen zu heben. Das war keine leichte Aufgabe, da die Reste von Muskulatur und Gewebe mit den Resten des Kunststoffs der Rückbankpolsterung verschmolzen waren.

Als ich wenig später wieder im Institut eintraf, lag bereits das Fax von der Staatsanwaltschaft mit der Obduktionsanordnung auf meinem Schreibtisch.

Wer war der Tote? Und wem gehörte das Auto? Zu beiden Fragen gab es noch keine Antwort, geschweige denn zum Tathergang selbst. Ja, wir wussten nicht einmal, ob es sich überhaupt um eine »Tat« handelte, sei es im Sinne eines Verbrechens oder eines Suizids. Bei einem Unfall sprechen wir von »Geschehenshergang«. In jedem Falle blieb uns nichts anderes übrig, als systematisch und Schritt für Schritt die äußere Leichenschau und Obduktion durchzuführen – und zu hoffen, dass Kripo und Spurensicherung ihren Teil herausfinden würden.

Nur war eben das, was wir zu obduzieren hatten, eher ein Skelett als eine Leiche. »Man kann nicht mal mehr erkennen, ob das ein Mann oder eine Frau war«, sagte eine Ärztin unseres Obduktionsteams, bevor wir mit der Leichenschau begannen. In der Tat hatte das Feuer jegliche Geschlechtsmerkmale unkenntlich gemacht, der Körper war nur noch ein Gerüst aus versengten Knochen, über dem sich faseriges, verkohltes

Fleisch und einige Stoffreste der Kleidung wie ein bizarrer Flickenteppich ausbreiteten.

Auch ich selbst hatte selten eine derart zerstörte Leiche gesehen. Das gesamte Fettgewebe und die Muskeln waren verbrannt. Das war nicht weiter verwunderlich: Menschliches Fett besteht aus öligen Komponenten, die bei entsprechend hohen Temperaturen sehr gut brennen. Das Weichgewebe, also Haut, Unterhaut- und Körperfettgewebe, war so gut wie nicht mehr vorhanden, und die verkohlten Gewebereste hingen in unterschiedlich breiten Fasern von den verbrannten Knochen herunter.

Wenn fast alles Gewebe verbrannt ist, kann man keine Rückschlüsse mehr auf den Körperbau des Todesopfers ziehen. Deshalb konnten wir auch nicht feststellen, ob er oder sie zu Lebzeiten durchschnittlich viel gewogen oder an Unterernährung oder Übergewicht gelitten hatte. Körperlänge und Gewicht waren nicht mehr zu rekonstruieren.

Sind bei einer Leiche mehrere Extremitäten abgerissen, schauen wir uns diese bei der Leichenschau zuerst an. Oft kann man so erste Hinweise darauf erhalten, wie jemand zu Tode gekommen ist. Ansonsten gehen wir bei einer Leichenschau immer von oben nach unten vor: Wir fangen mit dem Kopf an und untersuchen zuletzt die Füße. Bei der Person vor uns war der rechte Unterarm abgerissen. In einem solchen Fall sprechen wir von einer »traumatischen Amputation«. *Traumatisch* heißt in diesem Zusammenhang nichts anderes als: durch Gewalteinwirkung.

Elle und Speiche, die beiden Knochen, die Hand-

und Oberarmknochen verbinden, waren vollständig durchtrennt, der gesamte Bewegungsapparat des rechten Ellbogengelenkes – Bänder, Gelenkkapsel und Knorpel – war verbrannt. Das Gelenk lag frei: verrußte Knochen, zwischen denen verkohltes Gewebe klebte wie in der Sonne geschmolzenes Gummi. Auch das rechte Bein fehlte vom Oberschenkel abwärts, dort, wo einmal das Kniegelenk gewesen war, sahen wir nur noch einen schwarzen Krater.

»Traumatische Amputationen und Beschädigung der rechtsseitigen Extremitäten“,

diktierte ich für das Protokoll.

Normalerweise – das heißt bei allen Routinefällen – diktiere ich den Großteil dessen, was ich bei der äußeren Leichenschau und Obduktion feststelle, erst hinterher, manchmal sogar erst abends nach der Schicht im Sektionssaal. Hin und wieder notiere ich mir vor der nächsten Leiche einige Details, um sie bis zum späteren Diktat nicht zu vergessen. In Zweifelsfällen wie diesem jedoch liegt das Diktiergerät immer in Reichweite. Der federführende Rechtsmediziner oder auch erste Obduzent spricht seine Beobachtungen auf Band, die Grundlage für den schriftlichen Bericht, und diese Aufzeichnung verwandelt das Sekretariat später in das Sektionsprotokoll, das anschließend vom ersten und zweiten Obduzenten gegengelesen und dann von beiden unterschrieben wird.

Bei dem Toten vor uns konnte man kaum noch von Haut und Gewebe sprechen. Vor uns lag eine schwarzbraune, zerschmolzene, amorphe Masse, bei der nur der skelettierte Schädel und die Überbleibsel von Armen und Beinen daran erinnerten, dass dies einmal ein Mensch gewesen war. Die Explosion hatte die Brust offensichtlich frontal erwischt, denn die Brusthöhle war aufgesprengt. Drei Rippen waren vom Feuer komplett zerstört worden, die anderen ragten zum Teil schwarz und verbogen aus dem Torso heraus wie die Planken eines verbrannten Schiffes. Wir konnten Lunge und Zwerchfell sehen, die auf ein Viertel ihrer Größe zusammengeschrumpft waren. Durch die Hitze hatte sich die Luft im Darm erwärmt. Dadurch hatte sich in der Bauchhöhle ein derart hoher Druck aufgebaut, dass schließlich die Bauchdecke aufgeplatzt war. Teile des Dünndarms, angesengt und durch die Hitze zusammengeschrumpft, waren aus der Wunde hervorgequollen und verteilten sich schwarz und gekräuselt über den Unterleib. Als wir die Leiche auf den Sektionstisch transportiert hatten, hatten sie sich bewegt. »Wie Aale«, hatte einer der anwesenden Medizinstudenten gesagt und sich abgewandt.

Hals und Kopf sahen nicht besser aus. Der gesamte Schädel war weißgrau verfärbt oder, wie der Rechtsmediziner sagt, »verascht«. Die Augenhöhlen waren leer – wie bei einem Totenschädel. Solche Augenhöhlen haben für mich immer etwas Vorwurfsvolles. Auch Ober- und Unterkiefer waren nur noch Ruinen aus Knochen. Mehrere Zähne waren vollständig verbrannt oder durch die große Hitze bröckelig geworden. Die Zunge hatte die Beschaffenheit von gekochtem Fleisch.

Als wir die äußere Leichenschau beendet hatten und gerade mit der Obduktion beginnen wollten, winkte uns ein Mitarbeiter der Rechtsmedizin durch die Glasscheibe herbei, die den Sektionssaal von dem Korridor des Instituts trennt. Der zuständige Ermittler war gekommen und wartete in einem der Büros.

Solche Szenen kennt man ja aus dem »Tatort«: Ein aufgeregter Kommissar kommt in die Rechtsmedizin, in der Hoffnung, dort weitere Hinweise für seine Ermittlungen zu erhalten oder dem Rechtsmediziner oder der Rechtsmedizinerin zu sagen, worauf er oder sie bei der Obduktion besonders achten soll. Tatsächlich werden wir im Institut hin und wieder von dem zuständigen Ermittler besucht, sowohl aus dem einen wie aus dem anderen Grund. In den meisten Fällen allerdings erhalten wir Informationen oder Anfragen per Telefon oder schriftlich per E-Mail und Fax.

Wir erfuhren nun vom Kommissar, dass die Kollegen von der Kriminaltechnischen Untersuchungsstelle (KTU) wegen des zerschmolzenen Metalls bisher nur den wahrscheinlichen Fahrzeugtyp – vermutlich ein Audi – hatten ermitteln können. Da die Oberfläche des Metalls durch das Feuer so stark geschmolzen war, dass die Fahrzeugnummer nicht mehr zu entziffern war, musste eine exaktere Identifizierung des Wagens über ein langwierigeres technisches Verfahren vorgenommen werden.

Viel entscheidender für unsere Arbeit aber war die Information, dass eine Frau aus Aalsfeld ihren Mann als vermisst gemeldet hatte. Der Kommissar umriss für uns die wichtigsten Punkte ihrer Aussage:

Schon als die etwa 45-jährige Dora Klein die Feuerwehrsirenen gehört hatte, hatte sie befürchtet, dass dies mit ihrem Ehemann zusammenhängen könnte. Dieser hatte sich in letzter Zeit eigentümlich benommen. Schon seit längerem hatte es in der Ehe gekriselt, da ihr Mann Thomas ein Verhältnis mit der Frau seines besten Freundes angefangen hatte. Nach häufigen Streitereien und Gesprächen mit seiner Frau hatte Thomas Klein sein Fehlverhalten eingesehen und seit einiger Zeit bei Freunden im Nachbarhaus gelebt, um Abstand zu gewinnen. »Ich bin ein Schwein«, hatte er angeblich seiner Frau gegenüber erklärt.

Auf die Aussage der Frau hin hatte die Kripo zwei Beamte losgeschickt, um auch den Sohn, Nicolas Klein, zu befragen. Und der hatte ausgesagt, dass sein Vater sich von ihm am Vorabend »auf seltsame Weise verabschiedet« habe: »Du kannst alles behalten. Ich gehe jetzt weg.« Im Anschluss an diese Worte habe er seinen Sohn in den Arm genommen, »ich habe dich lieb« gesagt und das Zimmer verlassen. Dass er sich das Leben nehmen wolle, hatten jedoch weder Frau noch Sohn vermutet.

Obwohl es natürlich keinerlei Beweis gab, dass diese Geschichte mit unserem Fall zusammenhing, waren die Aussagen für uns Grund genug, bei der Obduktion verstärkt nach Hinweisen für einen Suizid zu suchen.

In der Rechtsmedizin sprechen wir übrigens grundsätzlich von »Suizid«, niemals von »Selbstmord«, denn juristisch gesehen ist der Begriff Selbstmord ein Widerspruch in sich. Um nach der juristischen Definition die Voraussetzung dafür zu erfüllen, ein Mörder zu sein, muss der Täter nach § 211 des deutschen Strafgesetzbuches aus den Motiven *Mordlust, Befriedigung des Geschlechtstriebs, Habgier* oder aus *sonstigen niederen Beweggründen* handeln. Solche Motive wird man einem Lebensmüden wohl kaum unterstellen können.

Wer sich selbst tötet, tut dies nicht, um anderen Menschen zu schaden, sondern weil er keinen Ausweg mehr aus einer scheinbar hoffnungslosen Situation sieht. Entsprechend heißt jemand, der sich das Leben genommen hat, bei uns Rechtsmedizinern nicht Selbstmörder, sondern Suizident.

Anders sieht die Sache bei dem sogenannten Selbstmordattentäter aus, da es diesem primär darum geht, eine große Anzahl an Menschen zu töten, und er seinen eigenen Tod nur billigend in Kauf nimmt. Er gilt auch juristisch gesehen als Mörder.

Dass jemand ausgerechnet an einem sommerlichen Frühlingstag Suizid begeht, mag einem psychisch gesunden Menschen erst einmal unwahrscheinlich vorkommen, doch die Statistik besagt, dass dies sogar der Normalfall ist. Der Grund ist einleuchtend: Gerade in der dunklen Jahreszeit fällt Depressiven die Akzeptanz der eigenen »dunklen« Verfassung leichter als in den hellen Monaten. Auch die populäre Meinung, dass sich die meisten Freitode in der Weihnachtszeit ereignen, ist ein »Wintermärchen«. Stattdessen steigt im Frühjahr und Sommer die Zahl der Suizide deutlich an – mit Schwerpunkt in den Sommermonaten. Depressive Menschen sind besonders dann gefährdet, wenn das überwiegend sonnige Wetter überhaupt nicht ihrer eigenen inneren Gemütsverfassung entspricht. Auch Morde und andere

Gewaltverbrechen finden signifikant häufiger in Frühjahr und Sommer statt, am allerwenigsten im Winter und während der Weihnachtsfeiertage. Die Ursachen hierfür sind sicher komplizierter als beim Suizid.

Falls Thomas Klein tatsächlich Suizid begangen hatte, musste er die Explosion selbst herbeigeführt haben. Also würden wir bei der Obduktion als Erstes darauf achten, ob der Mann zum Zeitpunkt der Explosion überhaupt noch gelebt hatte.

Als mein Messer durch den Rest des verkohlten Gewebes schnitt, sickerte tatsächlich noch etwas Blut aus den tieferen Gewebeschichten. Aus der geöffneten Brust- und Bauchhöhle drang neben dem Geruch nach verbranntem Fleisch noch ein anderer Geruch: Benzin. Das konnte darauf hinweisen, dass hier ein Brandbeschleuniger im Spiel gewesen war. Andererseits war der Benzintank des Autos ebenfalls explodiert, weshalb der Geruch auch daher stammen konnte. Wir gaben den Verdacht »Fraglicher Einsatz von Brandbeschleuniger« an die Spurensicherung weiter.

Für die mögliche Identifizierung über ein Zahnschema entnahm der Sektionsassistent den Ober- und Unterkiefer des Toten. Ich durchtrennte währenddessen mit einer sogenannten »Rippenschere« die Rippen, um an Herz und Lunge zu gelangen. Die Rippenschere sieht übrigens aus wie eine Mischung aus einer Geflügelschere, mit der man zu Weihnachten die Gans bearbeitet, und einer herkömmlichen Heckenschere.

Ich entnahm Lunge, Luftröhre und Bronchien, denn an diesen Organen würde ich erkennen können, ob das

Opfer zum Explosionszeitpunkt noch gelebt hatte oder nicht. Alle Organe waren durch die Hitze zusammengeschrumpft und hatten eine gummiartige Konsistenz.

Ich schnitt Luftröhre und Bronchien mit einer Schere auf. Die Schleimhäute der Atemwege waren vollständig mit Ruß belegt, und auch in der Speiseröhre fanden wir verschluckte Rußpartikel. Dadurch stand fest, dass die Person, mit der wir es hier zu tun hatten, durch die Explosion und das Feuer gestorben war. Im Fachjargon heißt das kurz und prägnant: »Explosionstrauma in Kombination mit Brandeinwirkung zu Lebzeiten«.

Wäre der Mann während des Feuers bereits tot gewesen, hätten wir keine Rußablagerungen in den Bronchien oder der Speiseröhre entdeckt. Der Rechtsmediziner spricht bei solchen Merkmalen von »Vitalitätszeichen«, da sie Beweis dafür sind, dass das Opfer zum Zeitpunkt einer äußeren Gewalteinwirkung, in diesem Fall dem Feuer, noch gelebt hat.

Rußpartikel und Benzingeruch passten zu der Annahme, dass die Person auf der Rückbank die Explosion auf irgendeine Weise selbst herbeigeführt hatte, möglicherweise mit Hilfe von Brandbeschleunigern. Nur wie?

Diese Frage allerdings mussten andere beantworten, denn nachdem wir auch noch alle weiteren Organe, oder zumindest das, was davon noch vorhanden war, untersucht hatten und ich anhand von Ober- und Unterkiefer des Toten das Zahnschema für die Identifizierung erstellt hatte, war unsere Arbeit an der Leiche beendet. Der Sektionsassistent packte das, was einmal ein Mensch gewesen war, in einen weißen Leichensack, damit der Tisch für die nächste Obduktion frei wurde.

Was die Identifizierung unseres Toten anging, ließ das Zahnschema des vermissten Thomas Klein, das die Kripo von seinem behandelnden Zahnarzt angefordert hatte, auf sich warten. Wie wir später erfuhren, hatte Thomas Klein kurz zuvor den Zahnarzt gewechselt, und der war gerade im Urlaub. Es gab ein Zahnschema von Kleins früherem Zahnarzt, das allerdings zehn Jahre alt war und sich daher nicht für einen Abgleich zu Identifizierungszwecken eignete.

Während der Kommissar und die anderen Ermittler von der KTU sich um die Aufklärung des Falles bemühten, wandten wir uns anderen Obduktionsaufgaben zu. Erst wenn das Zahnschema von Thomas Klein vorlag, würden wir den vorbereiteten Abgleich mit unserem Zahnschema vornehmen können.

Der Fall konnte dann aber doch recht schnell abgeschlossen werden, und der Kommissar persönlich informierte uns über das Resultat der Ermittlungen.

Die KTU hatte den Innenraum des Wagens untersucht und auf der Mittelkonsole des Autos, zwischen Fahrer- und Beifahrersitz, ein Metallfeuerzeug mit aufgeklapptem Deckel gefunden. Auch hatten sie die Fahrgestellnummer im geschmolzenen Metall herausfinden können.

Fahrgestellnummern werden ebenso wie Seriennummern auf Schusswaffen in das Metall *eingeschlagen* und sind dadurch nicht nur in die Oberfläche, sondern auch noch in die tieferen Schichten des Materials geprägt. Durch Säure lässt sich die Metalloberfläche abtragen und die Nummer in diesen tieferen Schichten sichtbar machen. Es gibt also Gründe, dass die Nummern eingeschlagen und nicht eingraviert werden. So können die Kriminaltechniker mit dem Säureverfahren selbst eine vom Täter abgeschliffene oder, wie in unserem Fall, eine in stark beschädigtem Metall verborgene Seriennummer identifizieren.

Die Vermutung der Kripo war richtig, der Wagen war tatsächlich ein Audi, fünftürig, Baujahr 2000, zugelassen auf Thomas Klein.

Die Ermittler der KTU hatten den Innenraum des Fahrzeugs außerdem auf Brandbeschleuniger untersucht. In solchen Fällen werden Brandschuttproben in einem Gaschromatographen analysiert. Ein solcher Chromatograph ist etwa so groß wie eine mittlere Kühltruhe und trennt verschiedene Substanzen voneinander, wie z. B. Gase, die sich in der Atemluft finden. Da unterschiedliche Stoffe unterschiedliche Siedepunkte haben, kann man sie auf diese Weise zeitlich versetzt und damit einzeln nachweisen.

Die Untersuchung der Brandschuttproben aus dem Pkw im Gaschromatographen bestätigte uns eine hohe Konzentration von Benzin in der Luft im Inneren des Wagens. Benzinkonzentrationen von 0,6 bis 8 Volumenprozent gelten als explosionsfähig. In unserem Fall lagen die Werte weit darüber. Entzündet man bei einer solchen Benzinkonzentration in der Luft die Flamme eines Feuerzeugs, kommt es zu einer gewaltigen Explosion.

Die hohe Benzinkonzentration im Wagen, das geöffnete Feuerzeug auf der Mittelkonsole, die möglichen Suizidabsichten von Thomas Klein – alles sprach dafür, dass er den Wagen selbst gefahren und unterwegs ein explosives Gemisch entzündet hatte. Also fuhr die Polizei noch einmal zu Familie Klein, um nachzufragen, ob er vielleicht irgendwelche brennbaren Flüssigkeiten in seinem Schuppen gelagert hatte, die nun fehlten. Schnell stellte sich heraus, dass in der Tat zwei Fünf-Liter-Kunststoffkanister nicht mehr an ihrem Platz standen. Beide waren nach Angaben der Ehefrau mit Benzin gefüllt gewesen.

Die Rekonstruktion des Tathergangs ließ nur einen Schluss zu: Thomas Klein hatte die zwei offenen Benzinkanister in den Fußraum des Beifahrersitzes gestellt. Als nach einigen Fahrminuten die Luft im Auto vollkommen von Benzingasen durchsetzt war, hatte er mit der rechten Hand das Feuerzeug entzündet und die Explosion ausgelöst – eine fürchterliche Explosion. Denn im geschlossenen Innenraum eines Autos ist die Explosionswirkung sehr viel stärker als auf einer offenen Fläche. Thomas Klein wurde von der Druckwelle der Explosion, von den heißen Detonationsgasen und den Flammen nicht nur einmal getroffen, wie dies z. B. bei einer Explosion auf freiem Feld der Fall gewesen wäre, sondern mehrfach hintereinander. Aufgrund der geschlossenen Fahrgastzelle wurde die Druckwelle der Explosion, die sogenannte *blast wave*, immer wieder reflektiert und schlug so mit immer neuer Wucht wie ein brennendes Pendel durch das Wageninnere. Dies erklärte auch die massiven Verletzungen und traumatischen Amputationen der Extremitäten. Durch die verstärkte Wucht der Explosion wurden Thomas Klein der rechte Arm, mit dem er das Feuerzeug gehalten hatte, sowie Teile des rechten Beines abgerissen, während er gleichzeitig von der Druckwelle vom Fahrersitz auf die Rückbank geschleudert wurde. Das Feuer, das die Explosion entfachte und im Inneren des Wagens wütete, ließ von ihm nicht viel mehr übrig als ein verkohltes Skelett.

»Auto mitten auf der Straße explodiert«, lautete am nächsten Tag eine der Schlagzeilen der Lokalpresse. Ich überflog den Text. »Es gab einen gewaltigen Knall. Dann war alles nur noch ein einziger Feuerball ...« Eine andere Zeitung brachte ein Foto, auf dem zu sehen war, wie Feuerwehr und Polizei das ausgebrannte Autowrack abtransportierten. Sie mussten das Auto mit Stemmeisen aus der Straße heraushebeln. Auf dem Pressebild war zu sehen, wie sich die Einsatzkräfte sichtlich abmühten, den Wagen vom Teer zu lösen. »Selbst die Straße brannte«, hieß es dazu.

Zwei Tage später traf endlich auch das neue, vollständige Zahnschema von Thomas Klein per Fax im Institut ein. Wir brauchten keine Viertelstunde, um das Zahnschema mit dem unseres Skeletts von der Rückbank zu vergleichen. Es bestätigte unsere Vermutungen und die Erkenntnisse der Polizei: Der Tote war eindeutig Thomas Klein. Er hatte das Benzin in seinem Auto verschüttet, die offenen Kanister in den Fußraum des Beifahrersitzes gestellt und dann die Explosion ausgelöst.

Ich habe bei meiner Arbeit häufig mit Suiziden zu tun, doch eine derart extreme Form der Selbsttötung war mir noch nicht untergekommen. Thomas Kleins Freitod war kein Hilferuf. Thomas Klein hatte kein anderes Ziel mehr gehabt, als diese Welt zu verlassen, so schnell und so sicher wie möglich. Seine Angst vor dem Leben muss um ein Vielfaches größer gewesen sein als seine Angst vor dem Tod.

Eine Woche nachdem Thomas Klein sich selbst in die Luft gesprengt hatte, bekam ich ein Päckchen von der KTU. Darin lagen ein Zettel und ein kleiner Gegenstand aus Messing, das Metall an einigen Stellen geschmolzen und geschwärzt: ein Zippo-Benzinfeuerzeug. In das Metall war gerade noch lesbar der Name »Thomas« eingraviert. Ich schaute auf den Zettel des KTU-Mannes, mit dem ich bei meiner Arbeit oft zu tun hatte. Unter der Überschrift »Vermerk« stand dort: »Beigefügtes Feuerzeug ist wirklich das Original, mit dem sich die Person entzündet hat. Viele Grüße, Dein Martin.«

Unter die Räder gekommen

Ein Briefträger auf seinem Fahrrad hatte den Toten am Fuße eines kleinen Abhanges entdeckt. Was er sah, nahm ihn so mit, dass er sich in psychologische Behandlung begab und geraume Zeit nicht mehr arbeiten konnte.

Der Verstorbene sah aus, als käme er direkt aus der Hölle: blutüberströmt, die Lederjacke in Fetzen vom Körper hängend, seine Jeans fast völlig zerrissen, Brandspuren an Haut und Kleidung. Und an Gesicht, Körper, Knien und Fußspitzen fehlten ganze Hautfetzen, so dass die blanken Knochen hervortraten. Aufgrund dieser Verletzungen bestand kein Zweifel daran, dass wir es nicht mit einem natürlichen Tod zu tun hatten. Schutzpolizei und Kripo waren sofort am Leichenfundort. Auch wenn sich zunächst keiner eine Vorstellung davon machen konnte, wie dieser Mann zu Tode gekommen war, stand eines außer Zweifel: Dies war ein Fall für die Rechtsmedizin.

Ich habe selten einen Toten mit so vielen, so schweren und so unterschiedlichen Verletzungen gesehen: Auf den ersten Blick konnte man denken, jemand hätte diesen Mann – denn um einen Mann handelte es sich, das war noch zu erkennen – mit einer Trennscheibe, einer Flex, einer Kreissäge oder einem gigantischen Hobel bearbeitet und gleichzeitig in Brand gesetzt.

Schuhe und Strümpfe fehlten, und die Füße waren nur noch schmutzbedeckte Klumpen aus blutigem Fleisch, aus denen die schwarzen Knochenfragmente der Zehen ragten. Unter der zerrissenen Lederjacke öffneten sich großflächige klaffende Wunden, die den Blick auf das verschmutze Unterhautfettgewebe freigaben. Wie an den Füßen war auch hier an einigen Stellen die Haut wie verbrannt, zudem hatten sich Kies und Sand wie Schrotmunition in das Gewebe eingegraben.

»Tiefe, mit Straßenschmutz inkrustierte Schleifverletzungen der vorderen Körperseite«,

diktierte ich für das Sektionsprotokoll. Und:

»Zeichen thermischer Einwirkung, ähnlich Verbrennungen dritten Grades, auf die linksseitige Brustkorbpartie und die Streckseite beider Füße.«

Der größte Schock aber, sowohl für den Briefträger als auch für den Polizeibeamten, war der Anblick von Gesicht und Hals des Mannes: Dort, wo sich vormals Kehlkopf und Gesicht befunden hatten, waren nur noch zwei große schwarze klaffende Löcher. Rachen, Luft- und Speiseröhre lagen offen. Unterhalb des rechten Jochbeins waren Haut und Wangengewebe nicht mehr vorhanden, so dass man Unter- und Oberkiefer sehen konnte.

»Rechtes Jochbein freiliegend, mehrfach frakturiert; teilweise wie abgeschliffen imponierend.«

Auch wenn es für den Briefträger nach einem bestialischen Mord ausgesehen hatte, war uns die Ursache dieses Verletzungsbildes schnell klar. Den massiven Verletzungen nach zu urteilen, war der Mann unter ein Auto oder einen Lkw geraten und dann von dem Fahrzeug, wahrscheinlich in voller Fahrt und längere Zeit, mitgeschleift worden.

Noch während der Tote von uns auf dem Obduktionstisch untersucht wurde, fanden die Beamten der Spurensicherung auf der Landstraße in unmittelbarer Nähe des Leichenfundortes Kleidungs- und Gewebereste. Es war ein Glück für die Ermittler, dass es an diesem Tag nicht geregnet hatte, so waren die angetrockneten Blutspuren auf dem Asphalt nicht weggewaschen worden. Die Kriminaltechniker lösten sie mit angefeuchteten Wattetupfern vom Straßenbelag, um sie für die weitere Analyse im Labor zu sichern. Auch befanden sich unter den auf der Landstraße gefundenen Kleidungsresten Teile der Lederjacke, die der Mann getragen hatte. Aus einer noch intakten, mit einem Reißverschluss verschlossenen Innentasche zogen die Beamten ein Portemonnaie, das neben vierzig Euro in Scheinen und Münzen auch einen Personalausweis und mehrere Kreditkarten enthielt – allesamt auf den Namen Bertram Nölle ausgestellt.

Auch wenn die gefundenen Ausweispapiere die Identität des Toten nicht beweiskräftig belegten – da es kein Gesicht mehr gab, mit dem wir das Foto hätten vergleichen können –, gab es eine erste Spur hinsichtlich der möglichen Identität des Mannes. Und alles sprach dafür, dass der Mann durch einen Verkehrsunfall ums

Leben gekommen war – sehr wahrscheinlich als Fußgänger, da weit und breit kein Motorrad oder Fahrrad gefunden wurde, das in den Unfall verwickelt gewesen sein könnte.

Verletzungen, die bei Verkehrsunfällen entstehen, sind mit wenigen Ausnahmen Folge der Einwirkung »stumpfer« oder sogenannter »halbscharfer« Gewalt. Stumpf nennt man Gewaltformen, die flächenhaft auf den Körper einwirken, wie dies z. B. bei einem Sturz aus großer Höhe geschieht oder durch Faustschläge und Fußtritte bei einem Überfall oder einer Schlägerei. Als halbscharf oder seltener auch »halbstumpf« bezeichnet man eine Kombination aus stumpfer und scharfkantiger Gewalt. Verletzungen durch halbscharfe Gewalteinwirkung sind im Gegensatz zu denen durch stumpfe weniger charakteristisch, aber dafür sehr häufig tödlich. Ist bei stumpfer Gewalteinwirkung (z. B. einem Faustschlag oder Fußtritt) die Krafteinwirkung gering, so bleibt nur ein »Hämatom« (Bluterguss) als Verletzung zurück.

Bei großflächiger, wuchtiger, d.h. sehr starker Einwirkung durch stumpfe Gewalt, zum Beispiel bei der Kollision einer Person mit dem Kühlergrill eines fahrenden Lkw, beim Überrollen einer Person durch ein Fahrzeug oder bei einem Sturz aus zehn oder mehr Metern Höhe, kommt es in der Regel zu einem Polytrauma. So nennt man die Kombination schwerster, gleichzeitig entstandener Verletzungen, meist in verschiedenen Körperregionen und an unterschiedlichen Organsystemen. Wenn lebenswichtige innere Organe wie Herz oder Lunge zerreißen, tritt der Tod in der Regel sofort oder innerhalb weniger Minuten nach dem Polytrauma ein, auch sofortige ärztliche Hilfe kann den Betroffenen meist nicht mehr retten. Häufigste Ursachen eines Polytraumas sind in Deutschland Verkehrsunfälle und Stürze aus großer Höhe.

Bei der Obduktion stellten wir anhand der Schleifverletzungen an Gesicht, Knien und Füßen fest, dass das Mitschleifen des Opfers vom Kopf zu den Füßen hin erfolgt war. Dies zeigte sich anhand der Richtung der Oberhautabschilferung im Bereich nicht völlig zerstörter Hautpartien: Die oberste Hautschicht hatte sich in Richtung der Füße hin abgeschilfert, was dafür sprach, dass der Mann sich zum Zeitpunkt des Mitschleifens mit Kopf und Oberkörper im Bereich der Frontpartie des Fahrzeugs unter dem Chassis befand. Dass er mit hoher Geschwindigkeit über den Asphalt der Straße geschleift worden sein musste, wurde durch die Zeichen thermischer Einwirkungen belegt: Die Verletzungen ähnelten Verbrennungen dritten Grades – entsprechend der alten Schulweisheit aus dem Physikunterricht »Reibung erzeugt Wärme«.

Wir richteten nun unser Hauptaugenmerk bei der Sektion auf die Frage, ob der Mann tatsächlich durch einen Verkehrsunfall ums Leben gekommen war. Schließlich war nicht auszuschließen, dass ihn jemand absichtlich überfahren hatte. Um das herauszubekommen, mussten wir uns erst einmal weitere Fragen stellen:

War der Fußgänger in aufrechter Position von einem Auto erfasst worden, oder lag er bereits auf der Straße, als das Fahrzeug sich näherte und ihn überfuhr oder überrollte? Oder wurde er von einem Wagen angefahren und liegengelassen, so dass ihn dann noch mehrere nachfolgende Fahrzeuge überrollten und mitschleiften?

Bei tödlichen Fußgänger-Pkw-Kollisionen gibt es drei mögliche Szenarien, die einzeln oder hintereinander ablaufen können: Der Fußgänger wird von dem Pkw angefahren, überfahren oder überrollt.

Von »Anfahren« spricht der Rechtsmediziner, wenn eine Person in aufrechter Körperposition von einem Auto erfasst wird. In diesem Fall kommt es in dem Moment, da der Fußgänger von dem Pkw angefahren wird, zunächst zum sogenannten »primären Anstoß«, in der Regel mit der Stoßstange oder dem Kotflügel. Dann prallt der Oberkörper auf die Motorhaube, während der Kopf häufig zusätzlich auf der Windschutzscheibe aufschlägt. Im Normalfall tritt der Fahrer des Pkw spätestens dann erschrocken auf die Bremse – mit der Folge, dass das Unfallopfer in Fahrtrichtung abgeworfen wird und auf der Straße landet.

Anders verhält es sich dagegen, wenn ein Fußgänger von einem Lkw oder von einem anderen Fahrzeug mit hohem Radstand und höherer Stoßstange und Kühlerhaube angefahren wird, beispielsweise von einem Geländewagen oder Pick-up. Dann gerät das Opfer meist unter das Auto.

Bei der Kollision eines Fußgängers mit einem gewöhnlichen Pkw können die unterschiedlichsten Verletzungen entstehen, nämlich erstens als Folge des primären Anstoßes, zweitens beim »Aufladen« des Körpers auf das Fahrzeug, z. B. durch den oben erwähnten Schlag des Kopfes gegen die Windschutzscheibe, und drittens als Folge davon, dass der oder die Angefahrene wieder auf die Straße geworfen wird. Aus dem jeweils resultierenden Verletzungsmuster kann der Rechtsmediziner wertvolle Rückschlüsse für die Rekonstruktion des Unfallereignisses ziehen.

Abgesehen davon können manchmal am Unfallfahrzeug Faserspuren der Kleidung des Fußgängers nachgewiesen werden. Deshalb ist es bei Fußgängerunfällen wichtig, die Bekleidung sicherzustellen und kriminaltechnisch zu untersuchen. So lassen sich gegebenenfalls an einem Pkw, der als Unfallfahrzeug in Frage kommt, Textilfasern daraufhin überprüfen, ob sie von der Kleidung des Unfallopfers stammen. Auch finden sich nach der Kollision zwischen Fußgänger und Auto oft Gewebespuren wie Blut, Weichgewebe oder Knochensplitter an dem Fahrzeug. Diese können dann wiederum mit einem DNA-Abgleich untersucht werden.

Auch die Richtung, aus der der Fußgänger auf die Fahrbahn gelaufen ist, spielt eine wichtige Rolle bei den weiteren Ermittlungen und kann in einem späteren Gerichtsverfahren entscheidenden Einfluss auf eine mögliche Verurteilung und das Strafmaß haben. Wenn ein Fußgänger von rechts auf die Fahrbahn läuft und dabei vielleicht sogar zwischen parkenden Autos am Straßenrand hervortritt, ist der Weg zum Fahrzeug viel kürzer, als wenn er vom Fahrer aus gesehen von links kommt und erst einmal die Gegenspur in ihrer ganzen Breite überqueren muss. Umso mehr Zeit bleibt natürlich auch dem Fahrer, seinen Wagen abzubremsen. Allerdings führt überhöhte Geschwindigkeit oder Alkohol oft dazu, dass der Fahrer trotzdem zu spät reagiert.

All diese Überlegungen spielen bei der Begutachtung

von Fußgänger-Pkw-Kollisionen mit tödlichem Ausgang und der Urteilsfindung vor Gericht eine entscheidende Rolle. Und die Rechtsmedizin liefert die wissenschaftlichen Beweise, ob das eine oder andere Szenario ausgeschlossen werden kann.

Wichtig ist neben der Untersuchung der Oberbekleidung auch die Untersuchung der Schuhe bzw. der Schuhsohlen des Unfallopfers. Wird ein Fußgänger auf der Straße von einem Fahrzeug erfasst, kann es zum Abrieb der Schuhsohle(n) auf der Fahrbahn kommen. Schuhsohlenabrieb sind Materialbeschädigungen (Schürfungen oder Riefen) an der Sohlenunterseite. Diese entstehen, weil die Schuhsohle beim gehenden oder stehenden Fußgänger zum Zeitpunkt der Kollision den stärksten Bodenkontakt hat und das Körpergewicht sozusagen darauf *ruht*. Ein solcher Schuhsohlenabrieb ist unter vielen Aspekten für die Rekonstruktion des Unfallgeschehens wichtig:

a) Ist Schuhsohlenabrieb vorhanden, steht zunächst schon einmal fest, dass der Fußgänger nicht liegend, sondern in aufrechter Position vom Fahrzeug erfasst wurde.

b) Abrieb an beiden Schuhsohlen bedeutet, dass die Person beim Aufprall auf beiden Beinen stand, sich also nicht fortbewegte. Ist die Person dagegen gegangen oder gelaufen, findet man den Abrieb nur an einer Schuhsohle, da beim Gehen und Laufen naturgemäß immer nur ein Fuß vollständigen Bodenkontakt hat.

c) Folgt der Schuhsohlenabrieb der Längsrichtung, heißt das, dass der Fußgänger in aufrechter Position von vorn oder von hinten vom Fahrzeug erfasst wurde.

d) Beim Anfahren des Fußgängers von der Seite (rechte oder linke Körperseite) verläuft der Schuhsohlenabrieb in Querrichtung (von links nach rechts oder umgekehrt).

Deshalb legt der Rechtsmediziner viel Wert darauf, dass neben den schon vorliegenden Ermittlungsergebnissen auch die Kleidungsstücke einschließlich der Schuhe im Rahmen der Obduktion mit begutachtet werden können.

Dass der uns zu diesem Zeitpunkt noch unbekannte Mann angefahren wurde, konnten wir ausschließen. Auch wenn es an Ober- und Unterschenkel des Toten starke Schleifverletzungen gab, fanden wir nicht das charakteristische Bruchmuster an den Unterschenkelknochen, das wir sonst nach einem Zusammenprall in aufrechter Position sehen. Auch Kopf und Oberkörper wiesen zwar diverse, teils schwerste Verletzungen auf, aber nicht die typischen Verletzungen, die entstehen, wenn das Unfallopfer beim Aufprall auf die Motorhaube oder mit dem Kopf gegen die Windschutzscheibe schlägt. Zudem sprachen die Schleifspuren am Körper des Verstorbenen dafür, dass er über mehrere Hundert Meter, wenn nicht sogar einige Kilometer, unter dem Auto mitgeschleift worden war. Dass der Tote keine primären Anstoßverletzungen aufwies, zeigte uns, dass der Mann, als das Fahrzeug ihn erfasste, schon auf der Fahrbahn gelegen hatte.

Dieses Teilresultat führte zur nächsten Frage: War der Mann überfahren oder überrollt worden?

Beim »Überfahren« berühren die Räder des Fahrzeugs nicht den Körper des Unfallopfers. So kann ein

Überfahrener in seltenen Fällen sogar mit dem Schrecken davonkommen und gänzlich unverletzt bleiben. Wenn er nicht groß ist und das Fahrzeug einen hohen Radstand hat, berührt die Unterseite des Chassis ihn womöglich gar nicht.

Beim »Überrollen« hingegen kommt der Fußgänger im wahrsten Sinne des Wortes unter die Räder. Gemäß fachlicher Definition meint Überrollen das »Hinwegrollen eines oder mehrerer Räder eines Kraftfahrzeuges über den Körper oder die Gliedmaßen einer auf der Fahrbahn liegenden Person«. Nachzuweisen ist es meist dadurch, dass die Hämatome auf der Haut des Überrollten dem Profilmuster der Reifen entsprechen.

Sowohl das Überrollen als auch das Überfahren ruft gewöhnlich sehr viel stärkere Verletzungen hervor als das bloße Anfahren eines Fußgängers, besonders wenn das Opfer unter dem fahrenden Auto mitgeschleift wird. Zum anderen hinterlässt der direkte Kontakt von Unfallopfer und Auto auch meist Hinweise (Profilmuster, Ölreste, Lackspuren etc.), die es den Ermittlern ermöglichen, Tatfahrzeug, Fahrzeughalter und gegebenenfalls den Fahrer zum Zeitpunkt der Kollision ausfindig zu machen.

Auch in unserem Fall konnten wir am Körper des Toten Ölspuren und Schmutz von der Unterseite eines Fahrzeugs nachweisen. Sie fanden sich allesamt auf der Körperrückseite, teils auf Kleidungsresten, teils auf der Haut. Die Schleifspuren beschränkten sich dagegen auf die Vorderseite des Opfers. Schleifverletzungen am Bauch, Schmutz- und Ölspuren am Rücken – diese Kombination war für uns ein klarer Beleg, dass der Körper des Mannes bäuchlings liegend unter dem Fahrzeug mitgeschleift worden war. Da sich keine Abdrücke eines Reifenprofils an Haut oder Kleidungsresten des Toten fanden, sprach alles dafür, dass er vor dem Mitschleifen überfahren und nicht überrollt worden war.

Doch wie war es dazu gekommen? Konnte es sein, dass der Mann sich das Leben nehmen wollte und sich auf die Straße gelegt und gewartet hatte, bis ihn ein Auto überfuhr? Hat ein Mensch die Nerven dazu? Auf der harten, kalten Straße auszuharren, während sich mit großer Geschwindigkeit ein Auto nähert, die Vibrationen auf dem Asphalt zu spüren, das Motorengeräusch zu hören, das immer lauter wird, bis schließlich der grausame, teils gefürchtete, teils ersehnte Moment kommt und das Fahrzeug ihn erfasst? Und das alles ohne die Gewissheit, sofort tot zu sein und die brutalen Folgen nicht mehr erleiden zu müssen?

Suizid im Zusammenhang mit einem Kraftfahrzeug gibt es vor allem in zwei Varianten. Variante eins: Ein Schlauch wird vom Auspuff ins Wageninnere geführt und der Motor angelassen. Ist der Innenraum genügend abgedichtet, kommt es zum Tod durch Kohlenmonoxid- bzw. (bei eingebautem Katalysator) durch Kohlendioxidvergiftung. Variante zwei: Der oder die Lebensmüde rast in einem Wagen mit sehr hoher Geschwindigkeit gegen ein stabiles Hindernis. Bei dieser zweiten Suizidvariante ist die statistische Dunkelziffer relativ hoch, da nur schwer nachzuweisen ist, ob der für den Fahrer tödliche ungebremste Aufprall seines Wagens auf ein Hindernis versehentlich oder absichtlich geschah. Es ist zu vermuten, dass diese Art der Selbsttötung häufiger vorkommt als allgemein angenommen und in Statistiken ausgewiesen wird. Laut rechtsmedizinischer Statistiken ist in Deutschland jedoch bisher kein Fall bekanntgeworden, bei dem sich ein Mensch erwiesenermaßen in Selbsttötungsabsicht vor ein fahrendes Fahrzeug gelegt hätte, das kein Schienenfahrzeug war. Auch in größeren Obduktionsstatistiken und Auswertungen von nicht-natürlichen Todesfällen und Verkehrsunfällen oder Suiziden kommt diese Art der Selbsttötung nicht vor.

An einen Suizid durch Überfahren glaubte also niemand von uns. Aber war der Mann vielleicht vorsätzlich getötet worden? Dass jemand gezielt überfahren wird, kommt zwar in Actionfilmen häufig vor, doch in der Kriminalitätsstatistik taucht so etwas nur äußerst selten auf. Eigentlich kein Wunder, da eine solche Tat immer sehr viel öffentliche Aufmerksamkeit erregt und der Täter durch die zahlreichen Zeugenaussagen meist sehr schnell gefasst wird. So kommt diese Art Tötungsdelikt eigentlich nur in zwei denkbaren Konstellationen vor: Erstens, nachdem die betreffende Person bereits auf andere Art und Weise getötet und erst anschließend auf die Straße gelegt worden ist. In diesem Fall hofft der Täter, dass die beim Überrollen oder Überfahren entstandenen Verletzungen gravierend genug sind, um die eigentliche Todesursache zu kaschieren und die Ermittler auf eine falsche Fährte zu lenken. Zweitens, indem eine bewusstlose (z. B. niedergeschlagene oder vergiftete) Person auf der Straße abgelegt wird und dann letztendlich durch die Kollision (Überrollen oder Überfahren) mit einem Fahrzeug stirbt. Ziel ist auch hier eine Verschleierung der vorherigen Straftat bzw. ein absichtliches Herbeiführen des Todes.

Unsere Aufgabe war es also, festzustellen, ob unser Mann zum Zeitpunkt des Überfahrens bereits tot gewesen war. Das heißt: Wir fahndeten nach Vitalitätszeichen, kurz auch Vitalzeichen. Kräftig unterblutete Verletzungen, z. B. Hämatome der Haut, sind ein Beleg dafür, dass das Opfer zum Zeitpunkt des Überfahrens oder Überrollens noch gelebt hat, dass also Herzfunktion und Blutkreislauf noch aktiv waren. Denn Unterblutungen setzen ein schlagendes Herz voraus, das das Blut im Körper verteilt und den Blutdruck aufrechterhält. Eine Person, die solche Hämatome aufweist, muss zum Zeitpunkt des Unfalls folglich noch am Leben gewesen sein. Wenn jemand nach dem Tode überfahren oder überrollt worden ist, wird man bei der Obduktion keine deutlichen Hämatome finden. Nach dem Stillstand des Kreislaufs kommt es – wenn überhaupt – nur noch zu geringfügigen Unterblutungen von Verletzungen, da das Herz nicht mehr schlägt und somit Blutzirkulation und Blutdruck nicht mehr aufrechterhalten werden.

Hätte sich der Mann in unserem Fall in suizidaler Absicht auf die Landstraße gelegt oder wäre er von einem Auto angefahren oder in bewusstlosem Zustand auf der Fahrbahn abgeladen und noch lebend mitgeschleift worden, hätten wir an seinem Körper und im Bereich der Verletzungen deutlich ausgeprägte Hämatome finden müssen. Doch wir fanden keine, weder in den abgeschliffenen Hautarealen noch in den klaffenden Wunden. Zudem enthielten Luftröhre und Bronchien keine Schmutzpartikel von Straßenstaub, Asphalt oder Auspuffgasen.

Ein weiteres wichtiges Vitalzeichen ist die sogenannte Blutaspiration, das Einatmen von Blut. Wenn es infolge eines Verkehrsunfalls zu einem Schädel-Hirn-Trauma mit Brüchen der Schädelbasis kommt, gelangt automatisch Blut aus der Schädelbasisfraktur in den Nasen-Rachen-Raum und wird bei erhaltener Atemfunktion über die Luftröhre eingeatmet. Dieses Blut sammelt sich schließlich in den tiefen Atemwegen und dient bei der Obduktion als Beweis dafür, dass das Opfer zur Zeit der Gewalteinwirkung noch gelebt hat. Doch obwohl unser Toter als Folge der Kollision mit dem Fahrzeug einen Schädelbasisbruch davongetragen hatte, fanden wir kein aspiriertes Blut in Luftröhre, Bronchien und Lungen. Damit stand fest: Der Mann war schon tot, als er von dem Auto erfasst wurde.

Doch woran er stattdessen gestorben war, wussten wir damit immer noch nicht. Selbst eine natürliche Todesursache war nicht restlos auszuschließen, auch wenn sie sehr unwahrscheinlich war. Theoretisch kann ein Mensch mitten auf der Straße einen Herzschlag erleiden, sofort sterben und dann überfahren werden. Gerade in solchen Fällen ist eine Obduktion durch die Rechtsmedizin auch deshalb unerlässlich, weil sie den beteiligten Autofahrer vor einer fälschlichen Anklage wegen fahrlässiger Tötung bewahren kann, indem sie das Fehlen von Vitalzeichen feststellt. Schwieriger wird der Nachweis der Unschuld (oder geringeren Schuld) allerdings bei einer plötzlichen Bewusstlosigkeit des Fußgängers und einem kurz darauf folgenden Überfahren. So kann jemand einen Schwächeanfall erleiden, dabei aber noch leben, überfahren oder überrollt werden und dann sterben. Vitalzeichen wie Hämatome oder Blutaspiration zeigen in solch einem Fall, dass das Unfallopfer bei der Kollision noch gelebt hat und erst an den Folgen des Unfalls gestorben ist, verraten aber nichts über die Bewusstlosigkeit.

Bevor wir allerdings weiter in diese Richtung dachten, fanden wir den entscheidenden Hinweis. Nach der routinemäßigen Reinigung des Kopfes, bei der Schmutz und Öl entfernt wurden, und nach der Rasur der noch erhaltenen Teile der behaarten Kopfhaut entdeckten wir am Hinterkopf des Toten insgesamt drei nahe beieinanderliegende, aber gut voneinander abgegrenzte rundliche Hämatome von jeweils 1,5 Zentimeter Durchmesser. Alle drei Hämatome waren, im Gegensatz zu allen anderen, kräftig unterblutet, also zu Lebzeiten entstanden. Von oben nach unten zeigten alle drei Hämatome jeweils zwischen ein und zwei Zentimeter messende, strichförmig unterblutete Ausläufer. Bei einem solchen Befund klingeln bei jedem Rechtsmediziner die Alarmglocken, denn diese Art Hämatome passen zu einer einschlägig bekannten Schlagwaffe. Als wir das knöcherne Schädeldach am Hinterhaupt des Toten untersuchten, wurde unser Verdacht bestätigt: Wir fanden drei sogenannte »Impressionsfrakturen«, lochartig ausgestanzte Brüche als Folge einer lokal begrenzten, also nicht großflächigen, Gewalteinwirkung. In diesem Fall hatten die drei Impressionsfrakturen am Hinterkopf dieselbe Form wie die zuvor festgestellten Hämatome und maßen ebenfalls jeweils

1,5 Zentimeter. Das unter den Schädelfrakturen noch vorhandene Hirngewebe zeigte kräftige dunkelrot-schwarze Einblutungen. Diese Verletzungen belegten zweifelsfrei, dass der Mann, der vor uns auf dem Sektionstisch lag, mit einem »Totschläger« umgebracht worden war.

Der Totschläger ist für den Fischfang entwickelt worden und war ursprünglich ein Stoffbeutel, gefüllt mit einer Eisenkugel oder einem anderen schweren Gewicht. In einigen Ländern wird ein solcher Totschläger immer noch verwendet, um Fische mit einem Schlag auf den Kopf zu töten. Die technische Weiterentwicklung dieser Waffe ist heute meist aus Metall und besteht aus einem Griff, der sich fortsetzt in einem aus biegsamem Stahl gefertigten, bis zu 30 Zentimeter langen stockartigen Mittelteil, an dessen Ende sich eine etwa tischtennisballgroße Metallkugel, meist aus Blei, befindet. Durch den damit verbundenen Peitscheneffekt der Metallkugel und die daraus resultierende immense Verstärkung der Schlagkraft hinterlässt der Einsatz eines Totschlägers am menschlichen Körper schwerste, auch innere Verletzungen. Bei Schlägen auf den Kopf können, wie es hier der Fall war, Schädelbrüche die Folge sein. Totschläger zählen in Deutschland nach dem Waffenrecht zu den gefährlichen Gegenständen und sind gesetzlich verboten.

Der Mann auf unserem Seziertisch war also mit einem Totschläger mehrfach am Kopf getroffen worden. Dabei war sein Schädel gebrochen, und er war an den Folgen dieses Schädel-Hirn-Traumas gestorben – ehe er von einem Fahrzeug auf der Landstraße überfahren und mitgeschleift wurde. Die Frage, wer den Mann mit dem Totschläger umgebracht hatte, mussten nun die Ermittler beantworten. Unsere Aufgabe als Rechtsmediziner war damit beendet. Wir hatten der Polizei aufgrund der Obduktionsbefunde ein klares Bild davon geben können, was vor und nach dem Tod mit Bertram Nölle passiert war.

Die Arbeitshypothese der Ermittler lautete, dass die Täter ihr Opfer im Schutz der Dunkelheit zu einer wenig befahrenen Landstraße getragen und dort abgelegt hatten, um die Polizei zu täuschen, indem sie die Szenerie so herrichteten, dass es aussah, als hätte die Kollision mit dem Pkw den Tod des Mannes herbeigeführt. In solchen Fällen nehmen die Täter bereitwillig in Kauf, dass einem eigentlich unschuldigen Autofahrer z. B. der Tatbestand der fahrlässigen Tötung angelastet wird. Was allerdings die Täter in unserem Fall, wie auch in vielen anderen, offenbar nicht wussten, war, dass wir Rechtsmediziner eben anhand der Vitalzeichen sehr genau feststellen können, ob die Person zum Zeitpunkt der Kollision schon tot war oder nicht, und uns aufgrund der Obduktionsbefunde immer ein sehr klares Bild davon machen können, was während und nach dem Tod mit dem Betreffenden passiert ist.

Aufgrund der Tatsache, dass der Mann nach den Obduktionsbefunden einige Hundert Meter von einem Auto mitgeschleift worden war, konnte die Stelle, wo er abgelegt worden war, ein beträchtliches Stück vom Fundort entfernt liegen.

Die trockene Witterung half den Ermittlern ein weiteres Mal. Mehrere Kilometer von der Stelle entfernt, an der der Briefträger die Leiche von Nölle entdeckt hatte – dass es sich um den 32-jährigen Bertram Nölle handelte, war in der Zwischenzeit per DNA-Abgleich zweifelsfrei ermittelt worden –, wurden die Schuhe sowie die abgerissene Armbanduhr des Toten auf der Straße entdeckt. Beim Ablaufen der Strecke zwischen dem Fundort der Schuhe und der Stelle, an der der tote Nölle gelegen hatte, fanden die Spurensucher der Kripo weitere Teile seiner Jeanshose und Fetzen seiner Lederjacke.

Bertram Nölle war anscheinend 9,5 Kilometer mitgeschleift worden. Bei Pkw-Unfällen beträgt die Mitnahmestrecke meist nur wenige Meter. Zu einem kilometerweiten Mitschleifen des Opfers kann es eigentlich nur dann kommen, wenn dem Fahrer in stark alkoholisiertem Zustand gar nicht auffällt, dass er die ganze Zeit einen Menschen unter seinem Wagen mitschleift, oder wenn er in Panik gerät und weiterrast, in der Hoffnung, den Mitgeschleiften so wieder loszuwerden.

Zum Mitschleifen kommt es gewöhnlich, wenn sich die Kleidung des Unfallopfers an der Unterseite des Autos verhakt, wie es auch bei Nölle geschehen war. Wenn der Fahrer die Richtung wechselt oder die Fahrbahn starke Unebenheiten aufweist, kann sich das Opfer von der Unterseite des Pkw lösen. In unserem Fall verhielt es sich so, dass die Kleidung von Bertram Nölle, die sich an der Unterseite des Chassis verhakt hatte, dem Zug des Fahrzeugs erst nach knapp zehn Kilometern nicht mehr standhielt und zerriss. Nachdem der Körper sich vom Fahrzeug gelöst hatte, rutschte er noch einige Meter über die Straße und rollte schließlich den Abhang hinunter, wo ihn dann der Briefträger entdeckte.

Anhand des Strafregisters des Opfers und anschließender Zeugenvernehmungen konnten sich die Ermittler bald ein klares Bild von den Geschehnissen machen, die zum Tod von Bertram Nölle geführt hatten. Er war im Zuhältermilieu aktiv gewesen. In einer Ortschaft nahe der Landstraße, neben der die Leiche gefunden wurde, gab es ein Bordell, wie man es an manchen Landstraßen Deutschlands findet. Abgelegen und deshalb attraktiv für Betreiber und Besucher gleichermaßen: diskrete Lage für die Kunden und gute Lage für die Betreiber, nämlich fernab jeglicher großstädtischer polizeilicher Aufmerksamkeit. Hier traf sich regelmäßig eine Zuhälterbande, zu der auch Nölle gehörte, um ihre Aktivitäten zu planen. Durch intensive Verhöre mehrerer mutmaßlicher Tatverdächtiger machten die Ermittler schließlich nicht nur die Mitglieder des Zuhälterringes ausfindig, die an der Tötung beteiligt waren, sondern entdeckten auch bei einem der Tatverdächtigen den dabei verwendeten Totschläger.

Nölle hatte Zahlungsrückstände bei den anderen Bandenmitgliedern gehabt. Um den Forderungen zu entgehen, hatte er diese mit seinem Insiderwissen über kriminelle Aktivitäten erpresst, von denen die Ermittlungsbehörden noch nichts wussten. Die Beamten erfuhren in ihren Verhören, dass Bertram Nölle am Abend vor dem Auffinden seiner Leiche zu später Stunde von drei Bandenmitgliedern in seiner Wohnung aufgesucht worden war. Gemeinsam waren die vier zu einem Parkplatz an der Landstraße gefahren, nahe der

Stelle, an der Nölles Körper später von einem Pkw erfasst worden war, »um in Ruhe zu reden«. Als man sich nicht hatte einigen können, hatten sich die Bandenmitglieder, so die Aussage eines der Beteiligten, dazu entschlossen, »dem Nölle eine Lektion zu erteilen« und ihn zusammenzuschlagen. Er selbst habe Bertram Nölle zwar »mit verprügelt«, der tödliche Hieb mit dem Totschläger sei aber vom Anführer der Bande geführt worden. Als die drei merkten, dass Nölle tot war, legten sie seine Leiche in einiger Entfernung auf der Landstraße ab.

»Die Bullen denken dann halt, der Autofahrer hat ihn totgefahren. Das fällt denen bestimmt nicht auf.« So fasste eines der Bandenmitglieder ihren Plan zusammen.

Dass wir Rechtsmediziner uns nicht hatten täuschen lassen und das wahrscheinlichste Szenario erkannt hatten, erfuhren die drei Schläger im Gerichtssaal. Der mehrfach wegen Körperverletzung, Menschenraub und räuberischer Erpressung vorbestrafte und zur Zeit der Tat unter Bewährungsstrafe stehende Kopf der Bande wurde als Haupttäter wegen Mordes zu einer lebenslangen Freiheitsstrafe verurteilt. Seine beiden wegen schweren Raubes mit Körperverletzung ebenfalls vorbestraften Komplizen wurden wegen Körperverletzung und Beihilfe zum Mord zu einer Gesamtfreiheitsstrafe von sieben bzw. acht Jahren Haft verurteilt.

Der Fahrer des Fahrzeugs, das Nölle kilometerweit bei voller Fahrt mitgeschleift hatte, wurde nie ermittelt. Er hatte Nölle nicht getötet und somit auch nichts mit dessen Tod zu tun. Vielleicht hat er Fahrerflucht begangen, um von einer eigenen Straftat abzulenken. Möglich, dass er auf der Flucht war und sich durch das Geschehene nicht in den Fokus des Interesses bringen wollte.

Wahrscheinlicher ist meines Erachtens etwas anderes: dass einer der zahlreichen Autofahrer, die Alkohol am Steuer noch immer für ein Kavaliersdelikt halten, deutlich über 0,5 Promille Alkohol im Blut hatte und entweder nicht erwischt werden wollte oder nicht einmal etwas davon mitbekam, dass für die holperige Fahrt nicht der Fahrbahnbelag verantwortlich war. Aber das ist diesmal ausnahmsweise nur eine Vermutung.

Tod auf Knopfdruck

In der Sauna liegt eine tote Frau mit einer Stichwunde in der Brust, neben ihr eine Thermoskanne.

Frage: Was ist da passiert?

Antwort: Die Frau wurde mit einem Eiszapfen erstochen, den der Mörder in der Thermoskanne mit in die Sauna gebracht hatte. Anschließend ist der Eiszapfen geschmolzen, daher wurde nie eine Tatwaffe gefunden.

Mitten im Wald hängt in den Ästen eines Baumes ein lebloser Taucher in voller Montur.

Frage: Wie kam er dahin?

Antwort: Es gab einen Waldbrand, der mit Löschflugzeugen bekämpft wurde. Beim Auftanken auf dem benachbarten See hat die Ansaugdüse eines der Flugzeuge den Taucher erwischt und erst beim Löschen über dem Wald wieder abgeworfen.

Nein, die beiden Geschichten stammen nicht aus meinem Arbeitsalltag. Ich habe sie dem reichen Fundus der sogenannten »Black Stories« entnommen. Black Stories heißen auch Denkpuzzles, Mysteries oder Rätsel-Krimis und sind, wie es auf einer Website heißt, »knifflige, morbide, rabenschwarze Geschichten, die sich so oder ähnlich zugetragen haben könnten«. Vielleicht haben

Sie ja selbst schon einmal das dazugehörige Kartenspiel gespielt. Dabei werden die Spielkarten in einem Stapel mit der Vorderseite nach oben auf den Tisch gelegt. Der »Gebieter« nimmt die oberste Karte und liest die Geschichte vor. Danach stellen die Spieler Fragen, *warum* sich dieses Geschehen gerade so und nicht anders ereignet hat. Dabei dürfen nur Fragen gestellt werden, die sich mit *Ja* oder *Nein* beantworten lassen. So pirscht sich das anwesende Ratevolk Stück für Stück an die Lösung heran, die auf der Kartenrückseite steht. Manchmal tappt es aber auch bis zum Schluss im Dunkeln …

Inzwischen erfreuen sich derartige Rätsel auch ohne dazugehörige Karten großer Beliebtheit, auf Reisen ebenso wie im Internet. Dabei liegt ein Großteil des Vergnügens sicher darin, sich immer wieder neue Rätselstorys auszudenken. Und dabei sind der morbiden Phantasie der Mitspieler keinerlei Grenzen gesetzt.

Nun ist mein Beruf kein Spiel. Und weder Ermittler noch Rechtsmediziner kommen dem Tod auf die Spur, indem sie einer Spielanleitung folgen. Aber der Fall des 78-jährigen Jägers, an dem ich rechtsmedizinisch beteiligt war, erfüllt die zwei Hauptkriterien für eine gute Black Story: ein ungewöhnliches Szenario und eine noch unwahrscheinlichere Lösung.

Hier also unser Rätsel:

Zwei Jäger gehen abends gemeinsam in den Wald. Jeder von ihnen hat einen Ansitzwagen: einen kleinen, mobilen Hochsitz von der Größe eines Pferdewagens, ausgestattet mit einem Stuhl und mehreren Fenstern.

Die Ansitzwagen der beiden stehen dreihundert Meter auseinander und sind für den jeweils anderen Jäger außer Sichtweite. Der 78-jährige Otto Wächter und der 55-jährige Jürgen Mertens machen einen Treffpunkt aus, an dem sie sich am nächsten Morgen um acht Uhr mit ihrer Jagdbeute wieder treffen wollen. In der Nacht hört Jürgen Mertens zwei Schüsse. Am nächsten Morgen erscheint sein Jagdfreund Otto Wächter nicht am Treffpunkt. Als Jürgen Mertens daraufhin zum Ansitzwagen geht, sieht er dort den toten Otto Wächter liegen.

Was ist hier passiert?
Raten Sie mit.

Frage: Ist der Jäger von den Schüssen getötet worden, die Jürgen Mertens gehört hat?
Antwort: Jein.
Frage: Heißt das, teils ja, teils nein?
Antwort: Ja.
Frage: Ist der Jäger also von einem der beiden Schüsse getötet worden?
Antwort: Ja.

Als Polizei und Notarzt eintrafen, lag Otto Wächter blutüberströmt neben seinem Ansitzwagen. In Brusthöhe war seine Bekleidung von Blut dunkel verfärbt, als Folge der darunterliegenden Einschusswunde. Damit war klar, dass die sterblichen Überreste des Jägers zur Rekonstruktion des Geschehens der vergangenen Nacht rechtsmedizinisch untersucht werden mussten.

Otto Wächter war weit entfernt von der nächsten größeren Stadt mit einem eigenen rechtsmedizinischen Institut zu Tode gekommen. Daher wurde der Tote auch nicht in der Rechtsmedizin obduziert, sondern in einer »Prosektur«, einem von der Polizei für diese Zwecke angemieteten Sektionssaal.

Bis vor etwa zehn oder fünfzehn Jahren war selbst kleineren Krankenhäusern noch eine eigene Abteilung für Pathologie mit Sektionssaal angegliedert. Inzwischen werden die Dienstleistungen der Pathologen in den meisten Regionen Deutschlands nur noch von einigen größeren Instituten oder Praxen für Pathologie vorgenommen, und das Untersuchungsmaterial wird per Bote oder Post oft Hunderte von Kilometern weit verschickt. Die Folge: In vielen Krankenhäusern gehören Obduktionen nicht mehr zum täglichen Geschäft (u. a., weil in den meisten Krankenhäusern eben kein Pathologe mehr zur Verfügung steht und mit Obduktionen für die Krankenhausträger auch kein Geld zu verdienen ist), und so stehen viele Sektionssäle leer. Sie bieten sich an, wenn es zu Todesfällen außerhalb von großen Städten kommt. Es ist viel kostengünstiger und effektiver, ein Sektionsteam, bestehend aus zwei Rechtsmedizinern (Obduzenten) und einem Sektionsassistenten, zum Ort des Geschehens zu schicken (man spricht dann von »Außensektion«), als wenn der Verstorbene für horrende Transportkosten (denn einige Bestatter nehmen es nicht nur von den Toten) viele Kilometer weit zum nächsten rechtsmedizinischen Institut transportiert wird. Außerdem ergibt sich vor Ort meist die Gelegenheit, sich ein genaueres Bild von den Todesumständen zu machen, als es durch die bloße Beschreibung von Leichenfundort und Auffindesituation durch die Ermittler der Kriminalpolizei möglich wäre.

Frage: Gab es eine Waffe am Tatort?
Antwort: Ja.

Da wir nicht an den Leichenfundort gerufen worden waren, bevor der tote Jäger in die Prosektur transportiert wurde, sahen wir uns vor der Leichenschau die Fotos an, die die Spurensicherung am Tatort aufgenommen hatte:

Otto Wächter lag auf dem Rücken, wobei seine Füße in Richtung des Ansitzwagens zeigten, so als wäre er aus dem Wagen hinausgestoßen worden. Die Waffe lag auf dem Boden des Wagens, neben einem Drehsessel, wobei der Lauf aus der Türöffnung herausragte.

Bei der Waffe handelte es sich um eine »Bockbüchsenflinte«, eine kombinierte Jagdwaffe mit zwei übereinanderliegenden Läufen. Aus dem unteren Lauf der Waffe können Kugelgeschosse abgefeuert werden, der obere Lauf ist für Flintenmunition vorgesehen. Im unteren Lauf fand sich eine abgefeuerte Hülse Kaliber 5/57. Im oberen Lauf steckte noch die Hülse einer Brenneke-Patrone, Kaliber 16/67,5.

Bockbüchsenflinten und Brenneke-Geschosse werden in unseren Breitengraden zum Beispiel für die Jagd auf Wildschweine eingesetzt. Auf dem afrikanischen Kontinent kommt diese Waffenart und Munition bei der Großwildjagd, der Jagd auf die berühmten »Big Five«, den Elefanten, den Löwen, das Nashorn, den

Leoparden und den Büffel, zum Einsatz. Von Hemingway ist überliefert, dass er mit ähnlicher Waffe und Munition auf die Jagd ging.

Frage: Hat Jürgen Mertens seinen Freund erschossen und dann Polizei und Notarzt gerufen, um den Verdacht von sich abzulenken?

Antwort: Nein.

Die Ermittlungen der Polizei und auch die Zeugenaussagen hatten keinerlei Spannungen oder Konflikte zwischen den beiden Freunden zutage gefördert.

Frage: Hat Otto Wächter von seinem Ansitzwagen aus einen Mord oder ein anderes Verbrechen beobachtet, dann auf den Täter geschossen, ihn aber verfehlt, und der hat daraufhin ihn erschossen?

Antwort: Nein.

Bei der Leichenschau hatten wir uns als Erstes die Einschusswunde an der linken Brustvorderseite genauer angesehen. Die Wunde hatte einen Durchmesser von drei Zentimetern mit einer

»saumartigen Wundrandvertrocknung«,

die teilweise von schwarzgrauen Ablagerungen bedeckt war. Dies war Pulverschmauch, der beim Abfeuern der Waffe aus der Mündung des Laufes entweicht. Er ist nur dann an der Einschusswunde nachweisbar, wenn die Waffe beim Schuss nicht weiter als etwa 50 Zentimeter vom Einschusspunkt entfernt war. Ist die Distanz zwischen Waffenmündung und Körperoberfläche größer, gibt es kaum mehr Anzeichen von Pulverschmauch auf der Haut oder der Kleidung. Damit war schon zu diesem Zeitpunkt ausgeschlossen, dass Otto Wächter von einem entfernt stehenden Täter erschossen wurde. Er musste also aus nächster Nähe erschossen worden sein.

Die Eintrittswunde des Projektils wurde an der linken Brustvorderseite, 126 Zentimeter oberhalb der Ferse, lokalisiert. Das Bleiprojektil war auf der Körperrückseite wieder ausgetreten, zehn Zentimeter rechts der Wirbelsäule in einer Höhe von 121 Zentimetern. Der Schusskanal verlief von links vorne oben nach rechts hinten unten, gering absteigend, in einem Winkel von fünf Grad.

Schusskanaluntersuchungen gehören bei Obduktionen zum Standard, denn die Resultate helfen der Kriminalpolizei, den Unfall- oder Tathergang zu rekonstruieren. Dabei werden verschiedene Szenarien durchgespielt, wie es zu dem jeweiligen Schusskanalverlauf gekommen sein könnte.

Frage: Hat Otto Wächter schon vor dem Ansitzwagen gelegen, als er getroffen wurde?

Antwort: Nein.

Uns schien es am wahrscheinlichsten, dass Otto Wächter von dem Projektil im Stehen erfasst worden war und er dann rücklings auf den Boden gefallen war. Was sich später auch als wahr herausstellte.

Frage: Ist Otto Wächter durch sein Gewehr getötet worden?
Antwort: Ja.

Nachdem wir bei der Obduktion die Brust- und Bauchhöhle geöffnet hatten, sahen wir die typischen Folgen eines Schusses mit Flintenmunition: Die siebte linke Rippe des Mannes und Teile des Brustbeins waren zerschmettert, Herzbeutel, rechte Herzkammer, Herzkranzschlagadern, Zwerchfell, Magen, Leber, linke Niere und Bauchspeicheldrüse vollkommen zerrissen. In der Bauchhöhle befand sich mehr als ein Liter Blut. In der Brusthöhle fanden sich Teile von Rippen und Brustbein, deren Splitter überall verstreut waren.

Flintenmunition vom Kaliber 16/67,5 richtet durch die außergewöhnliche Größe des Projektils innerhalb von Bauch- und Brusthöhle derartig viel Schaden an, dass meist wegen des hohen Blutverlusts und der Zerstörung lebenswichtiger Organe keine medizinische Hilfe mehr möglich ist.

Todesursache: Brustkorb-Bauch-Durchschuss; der Tod war sofort eingetreten. Was für einen bis zu sieben Tonnen schweren Elefanten tödlich ist, ist erst recht für einen Menschen »nicht mit dem Leben zu vereinbaren«, wie wir Rechtsmediziner sagen.

Mord in Verbindung mit der Jagd ist nicht so ungewöhnlich, wie es klingt. Ich erinnere mich an einen Fall, bei dem zwei Männer einen 44-jährigen Jäger ermordet hatten, um an sein Gewehr zu kommen und mit dieser Waffe weitere Straftaten begehen zu können. Solch einen Waffenraub konnten wir hier aber ausschließen, die Waffe lag ja noch am Tatort.

Frage: Aber war es überhaupt Mord?
Antwort: Nein.

Außer den Fingerabdrücken von Otto Wächter gab es keine anderen Fingerabdrücke an der Waffe. Doch konnte der Mörder natürlich Handschuhe getragen haben. Allerdings waren an der Leiche von Wächter keinerlei Gewalteinwirkungen zu sehen, abgesehen von den Folgen des tödlichen Schusses. Hätte sich jemand gewaltsam dem Jäger genähert und versucht, ihm die Waffe zu entreißen, hätten wir Spuren eines Kampfes finden müssen. Auch das war nicht der Fall. Laut eigener Aussage hatte der nur dreihundert Meter weit entfernte Mertens in dieser stillen Nacht weder Hilferufe noch Kampfeslärm oder andere ungewöhnliche Geräusche gehört.

Dass Otto Wächter vielleicht betäubt und dann erschossen worden war, konnten wir bald nach der Obduktion zweifelsfrei ausschließen: Die chemisch-toxikologische Untersuchung ergab keinen Nachweis von Alkohol, Drogen oder Medikamenten, die den Mann handlungsunfähig oder bewusstlos gemacht haben könnten.

Frage: Wollte sich Otto Wächter das Leben nehmen?
Antwort: Nein.

Das hatte auch niemand der Ermittler ernsthaft in Betracht gezogen. Zu viele Indizien sprachen dagegen. Suizid-Anwärter schießen sich selten in die Brust. Menschen, die sich mit einer Flinte oder einem Gewehr das

Leben nehmen, legen oder setzen sich meist auf den Boden und schießen sich in den Mund – so wie Kurt Cobain, der Sänger der Band *Nirvana,* im Jahr 1994.

Bei den wenigen Fällen, bei denen sich jemand doch in die Brust schießt, zieht er oder sie in der Regel zuvor den Pullover hoch oder öffnet das Hemd oder die Bluse, offensichtlich in der (allerdings irrigen) Annahme, dass die Kleidung den Schuss abdämpfen könnte.

Die Untersuchung der Organe und die medizinische Vorgeschichte sowie die Angaben der Ehefrau von Otto Wächter lieferten keine Erkenntnisse, die auf ein Motiv für einen Suizid schließen lassen konnten. Häufig nehmen sich Menschen das Leben, die unheilbar an Krebs erkrankt sind oder anderen schweren Krankheiten, insbesondere Depressionen, leiden. Zwar litt Otto Wächter an einer fortgeschrittenen Arteriosklerose, und wir stellten bei der Obduktion eine Herzvergrößerung sowie die Narben eines früheren Herzinfarktes fest; doch sind diese Krankheiten für einen 78-jährigen Mann durchaus normal – nahezu 90 Prozent dieser Altersgruppe leiden an ähnlichen Beschwerden – und sicher nicht so unerträglich, dass sich jemand deswegen das Leben nehmen würde. Auch beschrieben der Jagdfreund und die Ehefrau den Verstorbenen als einen fröhlichen und lebenslustigen Menschen.

Das stärkste Indiz jedoch lieferte die Obduktion: Wie bereits erwähnt, wies die Einschusswunde Schmauchspuren auf, ein Fernschuss kam also nicht in Frage. Ebenso wenig war Otto Wächter aber aus unmittelbarer Nähe von dem Projektil getroffen worden. Der Grund: Wird die Waffe beim Abfeuern auf der Körperoberfläche aufgesetzt – in der Ballistik und Kriminaltechnik heißt das »*point blank*« –, dringen die Pulverbestandteile durch den Schusskanal direkt in das Gewebe ein, hinterlassen auf der Haut aber nur wenig Spuren. Das gilt noch bis zu einer Entfernung von zehn Zentimetern. Doch bei Otto Wächter fanden wir zwar Pulverablagerungen, aber die gab es nur auf der Haut, nicht im Gewebe. An der Beschaffenheit der Einschusswunde ließ sich erkennen, dass der Schuss aus einer Entfernung von etwa 40 bis 60 Zentimetern abgefeuert worden war. Das nennt man in der Ballistik einen »relativen Nahschuss«. Durch die Länge des Gewehrlaufs ist es aber völlig unmöglich, bei einer solchen Distanz den Schuss selbst auszulösen – dafür sind die Arme schlicht nicht lang genug. Die Entfernung hätte höchstens zehn Zentimeter betragen dürfen.

Frage: Wenn es kein Mord war und auch kein Suizid, war es also ein Unfall?

Antwort: Ja.

Frage: War das Gewehr defekt, und als der Jäger auf ein Wildschwein schießen wollte, ist der Schuss »nach hinten losgegangen«?

Antwort: Nein.

Schusswaffen sind generell von hoher handwerklicher Qualität, und auch die Statistik belegt, dass Todesfälle mit Jagdwaffen fast ausnahmslos auf menschliches Versagen und nicht auf technische Defekte der Waffe zurückzuführen sind. Der berühmte Schuss, der nach hinten losgeht, oder ohne Vorwarnung explodierende Schusswaffen finden sich in der Welt der Actionfilme oder Cartoons, nicht aber in der Realität.

Menschliches Versagen bei der Jagd ist dagegen nichts Ungewöhnliches. Bei der Hobbyjagd kommt es recht häufig zu tödlichen Unfällen – beim Laden und Entladen ebenso wie beim Herumfuchteln mit einer ungesicherten Waffe. Nicht immer trifft es dabei den Jäger selbst, oft stirbt auch ein Jagdkamerad oder ein Unbeteiligter.

Ich erinnere mich an einen Jäger, der mit ungesicherter Waffe auf Neuschnee ausrutschte, wobei sich ein Schuss löste und seinen Jagdkumpan in den Kopf traf. Ein anderes Mal lief ein schlecht erzogener Jagdhund unaufgefordert einem Kaninchen hinterher, das aus seinem Bau hervorsprang. Dabei verhedderte sich die Hundeleine an den Beinen des Jägers, der fiel zu Boden, ein Schuss löste sich und traf ebenfalls einen anderen Jagdkumpan in den Kopf.

In unserem Fall allerdings musste der Lauf der Waffe mindestens 40 Zentimeter vom Einschussloch in der Brust entfernt gewesen sein, als sich der Schuss daraus löste. Es war also völlig unmöglich, dass Otto Wächter aus Versehen am Abzug herumgefummelt und sich dann ein Schuss gelöst hatte. Wenn es aufgrund der Schussentfernung und der Gewehrlänge für Otto Wächter unmöglich war, den Abzug zu erreichen, um sich absichtlich zu erschießen, dann war es erst recht unmöglich, den Abzug zu erreichen und sich versehentlich zu erschießen.

Frage: Hatte der andere Schuss, der nicht den Jäger getroffen hat, etwas mit dem Unfall zu tun?

Antwort: Ja.

Jürgen Mertens hatte bei seiner Zeugenaussage von zwei Schüssen erzählt, die er nacheinander gehört hatte. Der erste Schuss war aus dem unteren Lauf (dem Büchsenlauf) der Waffe abgefeuert worden, der zweite Schuss, den er etwa eine Minute nach dem ersten gehört hatte, kam aus dem oberen, dem Flintenlauf, und tötete den Jäger.

Etwa 50 Meter vom Ansitzwagen des Jägers entfernt war den Kriminaltechnikern eine Unebenheit auf dem Grasboden aufgefallen. Ein Projektil hatte hier den sandigen, mit Gras bewachsenen Boden gestreift und lag einige Meter weiter entfernt unter einem Baum. Kaliber 5/57, genau die Patrone, die sich im unteren Lauf der Waffe befunden hatte.

Das deutete darauf hin, dass Otto Wächter in der Nacht auf etwas geschossen hatte – beispielsweise auf ein Wildschwein –, es aber verfehlt hatte.

Frage: Was hat er danach getan?

Im Ratespiel ist das eine verbotene Frage, denn sie lässt sich nicht mit Ja oder Nein beantworten. In unserem Fall führte diese Frage, die sich ein besonders hartnäckiger Kriminalist stellte, auf die entscheidende Spur – allerdings über eine weitere Zwischenfrage:

Frage: Was tut ein Jäger, der sich im Dunkeln nicht sicher ist, ob er das ins Visier genommene Wild vom Ansitzwagen aus getroffen hat?

Antwort: Er steigt vom Wagen und sieht nach.

Aber er ist offenbar nicht weit gekommen, schließlich fand man den toten Jäger unmittelbar beim Ansitzwagen.

Frage: Und warum lag die Waffe noch im Ansitzwagen, direkt neben dem Sessel?

Sie dürfen gern weiterraten. Die Ermittler jedoch durften sich nicht aufs Raten verlegen. Stattdessen schritten sie noch einmal zur Tat, besser gesagt zum Tat- bzw. Leichenfundort, um der obigen Frage nachzugehen. Dort nahmen die Kriminalisten den Campingstuhl in dem Ansitzwagen genauer unter die Lupe. Und wurden für ihre Akribie belohnt.

Auf dem Stuhl war ein Sitzkissen mit auf der Oberseite gelegenen Kunststoffknöpfen befestigt. Einer der Knöpfe ragte etwas aus dem Kissen heraus. Damit gab es einen Ansatzpunkt für ein neues, wenn auch sehr unwahrscheinlich anmutendes Szenario:

Frage: Hatte sich vielleicht der Abzug der Waffe an genau dem Knopf verhakt?

Antwort: Ja.

Die Ermittler rekonstruierten die Situation, indem sie die Waffe noch einmal auf dem Stuhl ablegten. Von der Höhe des Einschusses her und auch von der Position des Abzugs und des Knopfs auf dem Stuhl erschien ein solches Szenario sehr wahrscheinlich.

Frage: Doch war der dünne Faden, an dem der Knopf auf dem Kissen des Stuhles hing, stark genug, um den Abzugswiderstand der Flinte zu überwinden und den Schuss auszulösen?

Antwort: Ja.

Bei der kriminaltechnischen Untersuchung kam heraus, dass man den Abzugswiderstand mit einer Kraft von 23 Newton überwinden muss, um einen Schuss aus dem Büchsenlauf der Waffe auszulösen. Bei dem Flintenlauf, aus dem der tödliche Schuss gekommen war, musste der Widerstand mit einer Kraft von 28 Newton überwunden werden. Welchen Widerstand konnte der Faden aushalten, bevor er riss? Die Techniker machten die Probe aufs Exempel. Resultat: 28 Newton und mehr.

Hier also nun die Lösung unseres rechtsmedizinischen Rätsel-Krimis:

Otto Wächter legt nach einem Fehlschuss aus dem Ansitzwagen das Gewehr auf dem Drehsessel ab, um vom Ansitzwagen zu steigen. Dabei kommt der Abzug der Waffe über dem lockeren Kissenknopf zum Liegen. Unten angekommen, packt Otto Wächter die ungesicherte Flinte am Lauf und zieht sie gegen alle Vorsicht zu sich heran. Der Abzug verhakt sich, der Jäger zieht im Jagdfieber noch fester an dem Lauf – und sorgt so dafür, dass der Faden des Knopfes den Abzugswiderstand überwindet und den tödlichen Schuss auslöst.

Dass im Moment des Abfeuerns das Gewehr oben

auf dem Stuhl lag und der Jäger unten stand, erklärt den bei der Obduktion festgestellten, geringfügig abwärts verlaufenden Schusskanals in einem Winkel von fünf Grad: Aus 130 Zentimeter Höhe von der Sitzfläche des Stuhls aus drang das Geschoss in Höhe von 126 Zentimetern in die Brust des Jägers ein und trat auf einer Höhe von 121 Zentimetern am Rücken wieder aus dem Körper aus.

Als die Ermittler mir das Ergebnis ihrer akribischen Nachforschungen mitteilten, musste ich den Kopf schütteln. Tod durch einen lose sitzenden Knopf an einem Sitzkissen – das war schon ein sehr skurriler tödlicher Zufall. Vor allem war ich beeindruckt von der detailbesessenen Sorgfalt der mit diesem Fall befassten Kriminalisten, ohne die uns der Geschehenshergang wohl auf immer verborgen geblieben wäre. Die rechtsmedizinischen Untersuchungen waren dagegen zwar nur Standard, doch ohne deren Resultate hätten die Ermittler an zu vielen falschen Stellen suchen müssen. Was mich wieder einmal darin bestärkt hat, auch bei vermeintlichen Routineobduktionen sorgfältig und detailgenau zu sein. Nur so können wir Rechtsmediziner den Ermittlern die nötigen Fakten liefern, um mögliche Tatszenarios auszuschließen oder zu bestätigen.

Wie tückisch der Zufall zuschlagen kann, habe ich als Rechtsmediziner oft genug erlebt. In dieser Hinsicht ist der Fall des toten Jägers nur ein besonders spektakuläres Beispiel. Was mich in dieser Hinsicht mehr beschäftigt, sind die Faktoren, die dazu führen, dass es überhaupt zu solchen Todesfällen kommt.

Todesfälle durch Jagdwaffen sind, wie schon gesagt, keine Seltenheit – vor allem bei der Hobbyjagd. In einer Studie, die an einem großen deutschen Institut für Rechtsmedizin durchgeführt wurde, wurden 49 Todesfälle in Verbindung mit Jagdwaffen einmal näher untersucht. Jeweils 13 davon waren Tötungsdelikte und Unfälle, 23 waren Suizide.

Ich möchte dem Berufsstand des Jägers in keiner Weise seine Berechtigung absprechen. Natürlich ist die waidgerechte Jagd zur Erhaltung von Artenreichtum und gesundem Wildbestand in unseren Wäldern erforderlich, und von Berufsjägern wird unsere heimische Tier- und Pflanzenwelt geschützt. Auch ist nicht jeder Hobbyjäger eine potentielle Gefahr für seine Mitmenschen. Doch die durch unsachgemäßen Umgang mit Schusswaffen verursachten Todesfälle geben mir immer wieder zu denken.

Da ist zunächst einmal die Hobbyjagd an sich: Ich selbst werde es wohl nie verstehen, warum es für viele Menschen eine besondere Faszination ist, sich bei Wind und Wetter in einen zugigen Hochsitz oder eben einen Ansitzwagen zu setzen, und das auch noch im Dunkeln, um auf irgendwelche Tiere zu warten und diese dann zu erlegen.

Dieser ausgesprochen einsame und daher sicher auch bisweilen eintönige Zeitvertreib führt zum zweiten Problem: Alkohol. In meinen Rechtsmedizin-Vorlesungen zum Thema »Schuss« gibt es immer wieder erstaunte Gesichter. Alkohol und tödliche Feuerwaffen? Das scheint nicht gut zusammenzupassen. Ich erkläre das dann meist etwas lapidar damit, dass es ja für die

Jäger ausgesprochen langweilig sein muss, den ganzen Abend und die ganze Nacht im Dunkeln zu sitzen, ohne sich zu unterhalten, ohne Musik hören oder bei Licht lesen zu können, weil all dies das Wild abschrecken würde – für manch einen ist die eine oder andere Flasche Bier, ein Fläschchen Wein oder ab und zu ein kräftiger Schluck aus dem Flachmann ein probates Mittel gegen die Langeweile.

Und das ist erlaubt? Leider ja. Auch wenn nur wenige Jagdunfälle darauf zurückzuführen sind, dass der jeweilige Jäger alkoholisiert war, sollte es dennoch zu denken geben, dass in Deutschland der Genuss von Alkohol während der Jagd nicht verboten ist, solange dem Besitzer des Jagdscheins keine Abhängigkeit vom Alkohol nachgewiesen werden kann. Wer alkoholisiert Fahrrad fährt, kann seinen Führerschein verlieren. Wer alkoholisiert mit hochgefährlichen Feuerwaffen hantiert, hat vom Gesetzgeber meist nichts zu befürchten.

Trotz dieser kritischen Anmerkungen möchte ich noch einmal betonen, dass nicht alle Jagdunfälle auf unverantwortliches Handeln zurückzuführen sind – wie beispielsweise der tragische Todesfall, zu dem es im Oktober 2008 in der Nähe von Berlin kam: Hobbyjäger veranstalteten eine Treibjagd auf eine Gruppe Wildschweine, die zuvor immer wieder große Schäden in den Maisfeldern verursacht hatte. Dabei streckte einer der Jäger einen Eber nieder und näherte sich diesem anschließend zusammen mit einem Jagdkollegen. Doch das Tier war nicht tot und fiel den Kollegen des Schützen an. Die Hauer des Tieres – bei Wildschweinen werden sie bis zu 30 Zentimeter lang – drangen so tief in dessen Oberschenkel ein, dass es zu einer Verletzung der Oberschenkelarterie kam, einem bis zu einem Zentimeter dicken Gefäß, aus dem der Mann innerhalb weniger Minuten verblutete.

Nackte Tatsachen

Es ist kurz vor Weihnachten, als die Rentnerin Ilse Bergheim in aller Frühe ihren Hund ausführt. Sie wird das Fest wieder allein verbringen, vielleicht wird ihr Sohn anrufen, ein Nachbar wird kurz klingeln. Ansonsten wird nicht viel passieren. So wie in der gesamten Vorweihnachtszeit nichts passiert ist, am ersten und am zweiten Advent. Der Dackel ist das einzige Lebewesen, das immer Zeit für sie hat. Sie wird sich beim Bäcker ein Brötchen holen. Auch wie immer. Es ist kalt, grau und diesig, das gleiche Wetter wie an allen Tagen zuvor, und Ilse Bergheims Knochen schmerzen. Während der Woche, wenn die Geschäfte geöffnet sind, geht sie normalerweise noch einkaufen. Bei Edeka um die Ecke, immer die gleichen Waren, immer der gleiche Weg. Vorbei an den hässlich grauen Sozialwohnungen, wo sie lebt, den vollgeschmierten Garagen, vorbei an der Post und über die Kreuzung. Ihr Blick wandert wie immer zum Spielplatz. Zu den verlassenen Schaukeln, zur Wippe und dann über den Sandkasten hinweg, einfach, weil es sonst nichts anderes zu sehen gibt. So wie immer. Jeden Tag. Kinder spielen hier selten. Wahrscheinlich ist der Sandkasten längst nur noch ein Hundeklo.

Ilse Bergheim blickt schon wieder in eine andere

Richtung, weil ihr die Erfahrung sagt, dass alles genau so gleich und langweilig ist wie immer. Doch auf einmal bellt ihr Hund so laut und anhaltend wie selten, und sie dreht sich um, um nachzusehen, was ihn so aufregt. Was sie sieht, reißt sie mit einem Mal aus ihrer Lethargie und lässt sie zusammenzucken.

Mitten im Sandkasten liegt ein nackter Mann. Fast nackt. Hose und Unterhose sind bis zu den Fußknöcheln heruntergezogen, die linke Hand des Mannes liegt auf seinem Bauch, die rechte Hand liegt ausgestreckt im Sand. Der Mann ist teilweise mit Sand bedeckt. An einem Fuß hat er noch eine weiße Tennissocke, die andere Socke liegt einige Meter weiter entfernt im Sand. Ebenso wie zwei Schuhe, eine Jacke und zwei Sweatshirts, die über den Spielplatz verstreut sind.

Schläft er? Bei der Kälte?

Ist er vielleicht betrunken?

Frau Bergheim nähert sich dem Mann vorsichtig und stupst ihn mit dem Fuß an. Keine Reaktion. Kein Lebenszeichen. Sie hat kein Handy, deshalb ruft sie einen Passanten herbei, der eins hat.

Etwa zehn Minuten später war die Polizei am Einsatzort, zunächst ein Streifenwagen mit zwei Polizisten, gefolgt von Rettungswagen und Feuerwehr. Die zwei Notärzte konnten nur noch den Tod des Mannes feststellen. Sein Körper hatte bereits Leichenflecke ausgebildet. Dem Aussehen nach war er zwischen vierzig und fünfzig Jahre alt.

Für die Schutzpolizisten sah hier alles nach einem

Verbrechen aus, denn welcher Mann würde sich nackt bei solch eisiger Kälte auf einen Spielplatz legen, um dort zu schlafen oder was auch immer zu tun?

Alles war möglich: ein Überfall, ein Sexualdelikt mit homosexuellem Hintergrund, Raubmord.

Noch während die Kripo im Anmarsch war, sperrten die Polizisten den Spielplatz ab. Auch die Kollegen von der Kripo konnten sich zunächst keinen Reim darauf machen, was sich hier ereignet hatte. Also spielten sie verschiedene Szenarien durch. Dass es sich um ein Tötungsdelikt handelte, schien wahrscheinlich. Auch sexuelle Handlungen an dem Mann, vor oder nach seinem Tod, waren durchaus denkbar, auch wenn noch keiner von einem Fall gehört hatte, bei dem ein etwa vierzigjähriger Mann bei eisiger Kälte auf einem Spielplatz sexuell missbraucht und im Anschluss daran getötet worden war. Ebenfalls unklar war, warum der oder die Täter das Opfer komplett ausgezogen hatte/n. War es eine Art Strafe? Ein Fall von Selbstjustiz an einem, der zuvor jemand anderen missbraucht hatte? Oder den jemand für den Triebtäter hielt?

Bei einer ersten Untersuchung des Toten konnten die Beamten keine äußeren Verletzungen feststellen. Wäre es ein Raubmord gewesen, hätte es Verletzungsspuren geben müssen. Außerdem, warum hätten der oder die Täter den Mann danach fast völlig entkleiden sollen? Um nach verstecktem Kleingeld oder Wertsachen zu suchen oder vom eigentlichen Tatmotiv abzulenken, indem man eine falsche Fährte legt? Unwahrscheinlich, schließlich erhöht jede Sekunde, die ein Täter nach der Tat am Ort des Geschehens zubringt, für ihn die Gefahr, beobachtet und so von Zeugen wiedererkannt zu werden. Außerdem zeigten die Taschen der Hose und der Jacke nicht nach außen, wie dies bei einer hektischen Plünderung fast immer der Fall ist. Die Kleidungsstücke waren zwar über die Sandkiste verstreut, aber nicht beschädigt. Außerdem wurden in den Taschen noch gut 25 Euro Bargeld gefunden.

Allmählich hatte sich eine kleine Menschenmenge versammelt, die hinter der Absperrung neugierig den Ermittlern bei der Arbeit zusah. »Das ist doch der Egon«, sagte plötzlich einer der Männer zu einem Kriminalbeamten. Der Mann berichtete, dass der in dem Sandkasten liegende tote Mann sein »Kumpel« Egon Gillert sei. Auch einige andere Anwohner identifizierten nun den Toten als Egon Gillert. Und sie alle stellten eine Verbindung her zu Alkohol und Saufgelagen.

Egon Gillert, 41 Jahre, arbeitslos, wohnte in einem Hochhaus ganz in der Nähe. Offenbar alkoholabhängig, mit großem Bekanntenkreis in der Trinkerszene. Doch niemand wusste von irgendwelchen Feinden oder vorherigen gewalttätigen Auseinandersetzungen. Und keiner der vor Ort anwesenden Zeugen hatte Gillert am Abend oder in der Nacht zuvor gesehen.

Als die Profis von der Mordkommission eingetroffen waren, hatten sie bereits einen Verdacht, was geschehen sein konnte, aber: Eine endgültige Klärung würde erst die Obduktion des Toten bringen können.

Neben auffallend hellrötlichen Leichenflecken, die sich auf kräftigen Druck mit dem Finger noch *wegdrücken* – das heißt: kurzfristig zum Verschwinden bringen – ließen und der noch nicht vollständigen Leichenstarre fielen mir als Erstes die violetten Hautverfärbungen an den Streckseiten beider Ellbogen sowie an der Vorderseite der rechten Kniescheibe auf. Diese violetten Hautverfärbungen, die sich deutlich von der umgebenden intakten Haut abgrenzten, ließen sich auf Fingerdruck nicht wegdrücken. Solche Verfärbungen, die manchmal auch scharlachrot aussehen und sich typischerweise an den Streckseiten größerer Gelenke wie eben Knie oder Ellenbogen finden lassen, werden in der Rechtsmedizin »Kälteflecken« genannt. Denn sie weisen darauf hin, dass der Verstorbene kurz vor seinem Tod aller Wahrscheinlichkeit nach stark unterkühlt war. Dies war in unserem Fall nicht verwunderlich, da die Temperatur in der Nacht bis auf minus 10 Grad gesunken war. Nahezu 90 Prozent der an Unterkühlung Gestorbenen haben solche Kälteflecken an Knien oder Ellenbogen. Auch die auffallend hellrötliche Farbe der Leichenflecke (die üblicherweise blauviolett oder blaugrau sind) war typisch für eine Unterkühlung.

Hieß das nun zwangsläufig, dass Egon Gillert erfroren war? Nein. Überhaupt lässt sich Unterkühlung (»Erfrieren«) als Todesursache durch eine Obduktion, eine toxikologische Analyse oder andere rechtsmedizinische Untersuchungsmethoden nicht wirklich *beweisen*. Man kann als Rechtsmediziner nur durch Ausschluss aller anderen möglichen Todesursachen beim Erfrieren als der einzigen noch übrigen Todesursache ankommen. Man nennt das eine »Ausschlussdiagnose«.

Natürlich gibt es auch bei dieser Diagnose zusätzliche Kriterien. So spielen die genaue Untersuchung des Leichenfundortes und die Dokumentation der Umgebungstemperatur und Windverhältnisse, bei denen ein Toter aufgefunden wird, eine entscheidende Rolle.

Bei dem Mann aus dem Sandkasten war mir noch etwas anderes aufgefallen: Die Leichenstarre des Verstorbenen war auch jetzt, als er bei uns auf dem Obduktionstisch lag, nicht vollständig. Beim Berühren von Armen und Beinen gaben die Gelenke noch etwas nach, waren also noch nicht *starr*. Das hieß, dass Gillert noch nicht lange tot sein konnte, denn bis zur kompletten Leichenstarre dauert es nur wenige Stunden.

Allerdings hatten die Kollegen von der Spurensuche bereits am Einsatzort mit einem speziell dafür entwickelten Thermometer die Rektaltemperatur gemessen: 23 Grad. Nach der Temperaturmethode zur Todeszeitbestimmung bedeutete das, dass Egon Gillert schon deutlich früher nicht mehr am Leben gewesen war.

Der Hintergrund für die Temperaturmethode: Nachdem die Körpertemperatur eines Toten innerhalb der ersten drei Stunden nach Eintritt des Todes relativ konstant bei 37 Grad Celsius bleibt, sinkt sie in der Folge um jeweils ein Grad Celsius pro Stunde. Deshalb lässt sich bei Kenntnis der Umgebungstemperatur anhand der Rektaltemperatur die ungefähre Todeszeit schlicht errechnen. In unserem Fall: 37 (Grad durchschnittliche Körpertemperatur) + 3 (Stunden ohne Temperaturänderung) – 23 (Grad Körpertemperatur des Toten) = 17 (Stunden seit Todeszeitpunkt vergangen).

Dies passte auf den ersten Blick nicht zu der unvollständigen Leichenstarre. Einundzwanzig Stunden nach dem Tod, so viele wären nach dieser Berechnung zum Zeitpunkt der Obduktion schon vergangen, hätten alle

Gelenke durch die Totenstarre vollkommen hart und steif sein müssen. Auch passte es vordergründig nicht zu der Tatsache, dass man die Leichenflecke immer noch wegdrücken konnte; ab etwa 12 bis 14 Stunden nach dem Tod sind Leichenflecke »fixiert« und nicht mehr optisch zu manipulieren.

Dieses scheinbare Paradox war ein weiterer Hinweis, dass wir es mit einem bekannten Sonderfall zu tun hatten – Tod durch Erfrieren. In solchen Fällen ändern sich die Parameter: Wegen der zunehmenden Auskühlung des Körpers sinkt die Körpertemperatur des Erfrierenden schon zu Lebzeiten erheblich unter 37 Grad Celsius ab. Ein unterkühlter Mensch stirbt bei einer Körpertemperatur von etwa 25 Grad, da es bei diesem Wert zu irreversiblen Herzrhythmusstörungen (»Herzkammerflimmern«) kommt. In der Rechnung der Temperaturmethode bedeuten 12 Grad weniger Ausgangskörpertemperatur eine um 12 Stunden spätere Todeszeit. Egon Gillert starb an Unterkühlung bei einer Körpertemperatur von etwa 25 Grad, erst danach bildeten sich Leichenflecke und Leichenstarre. Zum Zeitpunkt der Untersuchung war seine Körpertemperatur bereits auf 23 Grad gesunken, er war also gemäß der obigen Formel fünf, nicht siebzehn Stunden zuvor gestorben. Das erklärte auch die noch wegdrückbaren Leichenflecken und die unvollständige Leichenstarre.

Der Mediziner spricht bei Körpertemperaturen von unter 35 Grad Celsius von »Hypothermie« (das lateinische Wort für Unterkühlung). Stirbt jemand an Unterkühlung, heißt es im rechtsmedizinischen Protokoll entsprechend

»Todesursache: Hypothermie«
oder auch
»Erfrierungstod«.

Eigentliche Todesursache sind wie bereits erwähnt die von der niedrigen Körpertemperatur verursachten Herzrhythmusstörungen. Verschiedene andere Faktoren können bei einer Unterkühlung den Erfrierungstod beschleunigen: schon vorher bestehende innere Erkrankungen, Immobilität und die dadurch fehlende Muskelbetätigung, die bei Gesunden Wärme erzeugt; eine schlechte Gesamtkondition; langfristige physische Belastung; chronische Unterernährung; feuchte oder nasse Bekleidung und vor allem starker Alkoholkonsum. Auch sind Kinder stärker gefährdet als Erwachsene, da Kinder eine im Verhältnis zum Körpergewicht größere Körperoberfläche als Erwachsene haben und entsprechend mehr Körperwärme abgeben.

Ab 35 Grad Celsius lässt die körpereigene Wärmeproduktion nach, der Stoffwechsel wird heruntergefahren, das Blut verdickt sich, und es können sich Thrombosen (Blutgerinnsel) bilden. Atmung, Blutdruck und Pulsfrequenz des Unterkühlten verlangsamen sich. Dennoch kommt es bei Unterkühlten bis zu einer Körpertemperatur von circa 32 Grad zu keiner Einschränkung des Bewusstseins, d. h., der Betroffene wird nicht bewusstlos oder fällt ins Koma; er spürt nur die Kälte. Sinkt die Körpertemperatur weiter unter 32 Grad ab, wird der Pulsschlag noch langsamer, und auch der Blutdruck sinkt weiter ab, und ab jetzt kommt es zur Bewusstseinstrübung.

Paradoxerweise kann sich bei stark unterkühlten Personen, vermittelt durch ein kompliziertes Netzwerk verschiedener Botenstoffe (»Transmittersubstanzen«), die im Gehirn freigesetzt werden, ein Gefühl innerer Wärme einstellen. Durch die Bewusstseinstrübung verlieren Unterkühlte oft die Orientierung und stürzen unkontrolliert zu Boden. Ab etwa 25 Grad Körpertemperatur setzt Herzkammerflimmern ein, und es kommt schließlich zum Tod durch langsam einsetzenden Herzstillstand.

Todesfälle durch Unterkühlung begegnen uns Rechtsmedizinern aus naheliegenden Gründen fast ausschließlich in den kalten Monaten November bis Februar. Opfer sind hauptsächlich Obdachlose, die im Freien übernachten, aber durchaus auch Wintersportler, die mit falscher Kleidung oder in erschöpftem oder alkoholisiertem Zustand Ski fahren oder auf Berge steigen. Allerdings, und das wird viele überraschen, ist ein Tod durch Unterkühlung auch bei plus 10 Grad Celsius Umgebungstemperatur möglich. Ich weiß von sozial schwächer gestellten Menschen, die in ihrer Wohnung auch bei Plusgraden erfroren sind – weil sie entweder ihre Wohnung aus Kostengründen kaum beheizt hatten oder ihnen die Heizung vom Energieversorger wegen ausstehender Rechnungen abgestellt worden war. Die Annahme, man würde nur bei Minusgraden erfrieren, ist falsch. Laut Statistik wird in Deutschland fast die Hälfte aller an Unterkühlung Gestorbenen in ihrer unbeheizten Wohnung aufgefunden.

Der Mann auf dem Sektionstisch war allerdings draußen in der Kälte erfroren – bei minus 10 Grad im Sandkasten. Als wir die Bauchdecke aufschnitten, strömte uns ein

»kräftiger, aromatischer, sehr wahrscheinlich alkoholischer Geruch«

entgegen, wie ich im Protokoll vermerkte. Die Bezeichnung *aromatisch* kommt aus der organischen Chemie. Bestimmte Kohlenwasserstoffe, zu denen auch der gewöhnliche Alkohol (»Speisealkohol« = Ethanol) gehört, werden »aromatische Verbindungen« genannt. Gärendes Obst hat z. B. diesen typischen aromatischen Geruch. Nachdem ich den Magen des Toten, dem ebenfalls ein starker aromatischer Geruch entströmte, aufgeschnitten hatte, entdeckte ich einen weiteren Hinweis auf einen Tod durch Unterkühlung: Die Magenschleimhaut zeigte an vielen Stellen zwischen 0,2 und 0,6 Zentimeter durchmessende rundliche schwarze Flecken, die der Magenschleimhaut das Aussehen eines Leopardenfells verliehen. Dies ist der typische Befund sogenannter »Wischnewsky-Flecken«, benannt nach ihrem Erstbeschreiber, einem russischen Rechtsmediziner. Solche Flecken entstehen dadurch, dass bei Unterkühlung das Blut im Körper langsamer zirkuliert und sich infolgedessen nicht nur Thrombosen bilden, sondern sich auch der rote Blutfarbstoff, das Hämoglobin, in Gefäßen der Magenschleimhaut ablagert. Nach dem Tod eines Menschen kommt es zur »Andauung« (nur in Fachkreisen gebräuchliches Wort für »teilweise Verdauung«) der Magenschleimhaut durch die im Magensaft befindliche Salzsäure. Bei Unterkühlten wird zusätzlich das in den Gefäßen der Magenschleimhaut abgelagerte Hämoglobin angedaut, das sich dadurch bedingt schwarz verfärbt und die besagten Wischnewsky-Flecken hervorruft.

Als weiteren pathologischen Befund diagnostizierten wir bei Gillerts Leiche eine Fettleber – ein klares Indiz für jahrelangen starken Alkoholkonsum.

Kurz vor Ende der Obduktion erhielten wir von unserem toxikologischen Labor das Ergebnis der Blutalkoholanalyse von Gillert: 1,89 Promille. Damit war nicht nur klar, warum dem Toten nach Öffnung von Bauchhöhle und Magen ein aromatischer Geruch entströmt war, sondern auch, dass Gillert zum Zeitpunkt seines Todes und damit zwangsläufig auch in der Phase seiner Unterkühlung ganz erheblich alkoholisiert gewesen war. Da die Leber nach dem Tod den Alkohol im Blut nicht weiter abbaut, entspricht die im Labor festgestellte Blutalkoholkonzentration dem Blutalkoholspiegel zum Zeitpunkt des Todes. Abgesehen von der Fettleber fanden sich bei der Untersuchung der übrigen inneren Organe keine weiteren krankhaften Veränderungen, die den Tod Gillerts hätten erklären können. Alles sprach somit für eine »Unterkühlung in Kombination mit höhergradiger Alkoholisierung«.

Aber was hatte Gillert veranlasst, sich fast komplett zu entkleiden und all seine Kleidung um sich herum zu verstreuen, wenn niemand sonst vor Ort gewesen war? Die naheliegende Antwort – »der viele Alkohol in seinem Blut« – ist nur die halbe Wahrheit.

Alkohol als *Sterbehelfer* beim Erfrierungstod ist keine Seltenheit – im Gegenteil. Die meisten Erfrierungsopfer stehen zum Zeitpunkt des Todes unter Alkoholeinfluss; meist sogar mit einer Blutalkoholkonzentration von zwei bis drei Promille. Alkohol ist definitiv der wichtigste Risikofaktor für eine tödlich verlaufende Hypothermie.

Wie aber wirkt Alkohol als Prozessbeschleuniger des Erfrierens?

Gewöhnlich hält der menschliche Organismus mit Hilfe des Wärmeregulationszentrums, das im Hypothalamus – dem Steuerzentrum des vegetativen Nervensystems – und im limbischen System des Gehirns lokalisiert ist, die Körpertemperatur von knapp 37 Grad Celsius konstant aufrecht. Diese Wärmeregulierung steuert dabei nicht nur die Wärmeproduktion, sondern auch den Wärmeerhalt unseres Körpers. Nun sollte man denken, dass Alkohol doch eigentlich eher Wärme verbreitet als Wärme entzieht. Haben doch die meisten Nichtabstinenzler schon einmal die Erfahrung gemacht, dass Alkohol bereits in geringer Dosis, z.B. ein kleiner Schnaps auf der Skihütte, ein wohliges Wärmegefühl erzeugt. Alkohol erweitert die Blutgefäße in der Haut und verstärkt damit die Hautdurchblutung, dies sorgt für ein trügerisches Gefühl von Wärme. In höheren Konzentrationen verändert Alkohol zusätzlich noch die Wahrnehmung der Außentemperatur durch unser Wärmeregulationszentrum im Gehirn. Was sich eigentlich kalt anfühlen müsste, fühlt sich nach einigen Schnäpsen gar nicht mehr so kalt an. In diesem Sinne kann man aus medizinischer Sicht Alkohol getrost als »neurotoxisch«, also als Nervengift bezeichnen. Zudem hat Alkohol bei einem Blutalkoholspiegel von über einem Promille eine so stark gefäßerweiternde Wirkung, dass er den Wärmeverlust rapide beschleunigt. Erweiterte Gefäße geben ihre Wärme schneller an die Umgebung ab und nehmen im Gegenzug die Umgebungskälte von außen schneller auf, was dazu führt, dass der Mensch schneller auskühlt. Auch wird bei höherem Blutalkoholspiegel nicht nur das Temperaturempfinden gestört, sondern es werden auch die geistigen Funktionen eingeschränkt. So kommt der Erfrierende gar nicht auf die Idee, sich als Schutz gegen die Kälte zu bewegen oder sich so schnell wie möglich in die Wärme zu begeben. Ferner hat Alkohol, als ältestes Narkotikum unseres Kulturkreises, bekanntermaßen auch eine schmerzstillende Wirkung. Finger und Zehen fühlen sich dann gar nicht so kalt an, wie sie eigentlich sind. All diese Faktoren führen dazu, dass Betrunkene häufiger und schneller erfrieren als nicht Alkoholisierte.

Gestatten Sie mir an dieser Stelle einen kurzen Exkurs, den ich mir als Hardrock-Freund nicht verkneifen kann – nämlich zu Bon Scott, dem am 19. Februar 1980 gestorbenen legendären ersten Sänger der australischen Hardrockband »AC/DC«. Auf dem im King's College Hospital in London ausgestellten Totenschein von Bon Scott steht als Todesursache »Alkoholvergiftung«. Von Fans wird seit Jahrzehnten kolportiert, er wäre an seinem Erbrochenen erstickt.

Möglicherweise kennen Sie die Geschichte. Es war circa drei Grad über dem Gefrierpunkt an diesem Abend vor Scotts Todestag, als der Sänger mit seinem Kumpel Alistair Kinnear im Londoner Stadtteil Camden Town auf Kneipentour ging. Nach der durchzechten Nacht fuhr Kinnear beide in den frühen Morgenstunden mit seinem Renault nach Hause. Bon Scott war auf dem Beifahrersitz des Wagens eingeschlafen und nicht wach zu kriegen. Deshalb fuhr Kinnear zu sich nach Hause nach South London, um Bon Scott in seiner Wohnung auf die Couch zu legen. Doch als er den Schlafenden aus dem Auto hieven wollte, stellte er fest, dass Scotts Körper schwer wie Blei war und er ihn unmöglich tragen konnte. Kinnear ließ Bon Scott daher im Auto zurück, stellte vorher die Rücklehne des Beifahrersitzes, auf dem Scott schlief, so weit wie möglich nach hinten, damit der Schlafende flach liegen konnte, legte ihm einen Zettel mit seiner Adresse und Telefonnummer auf das Armaturenbrett und schleppte sich selbst ins Bett.

Gegen elf Uhr morgens wurde Kinnear nach circa sechs Stunden Schlaf von einem Freund geweckt, der an der Tür klingelte. Noch reichlich wackelig auf den Beinen bat er den Freund darum, kurz zu seinem Auto zu schauen und ihm zu sagen, ob Bon Scott noch darin schlafen würde. Der Freund meinte, Bon sei nicht mehr da. Erleichtert darüber, dass es Scott offenbar wieder gutging und er nach Hause gegangen war, verkroch Kinnear sich wieder ins Bett und schlief weiter.

Als Kinnear allerdings an diesem Abend zu seinem Auto ging, durchfuhr ihn der Schreck seines Lebens: Bon Scott lag noch immer im Wagen, genau so, wie er ihn in der Nacht zuvor zurückgelassen hatte. Hatte der Freund nicht behauptet, Bon Scott wäre nicht mehr im Auto gewesen? Hatte er den Schlafenden etwa nur nicht bemerkt, weil Kinnear am Abend zuvor den Beifahrersitz auf Liegeposition gestellt hatte? Oder hatte der Freund gar im falschen Auto nachgesehen? Kinnears Verwirrung schlug in Entsetzen um, als er die Tür des Wagens öffnete und merkte, dass Bon Scott nicht mehr atmete.

Dass er an einer Alkoholvergiftung gestorben war (»Drunk to himself«, wie es wörtlich auf seinem Totenschein heißt), ist bei einem exzessiven Alkoholiker, wie Bon Scott es war, sehr unwahrscheinlich. Bon Scott lag bei circa drei Grad Celsius Außentemperatur stark alkoholisiert, nur mit einer Jeansjacke und einem T-Shirt nicht unbedingt winterfest bekleidet, sechzehn Stunden lang in Kinnears Wagen. Vor dem Hintergrund all dieser Tatsachen bin ich mir sicher, dass Bon Scott schlicht und einfach erfroren ist.

Zurück zu der Frage, warum Egon Gillert fast nackt gewesen war, als die Rentnerin ihn entdeckt hatte.

»Keine Zeichen von todesursächlicher oder mittodesursächlicher Gewalteinwirkung«,

diktierte ich für das Sektionsprotokoll. Egon Gillert war weder misshandelt oder sexuell missbraucht noch ermordet worden. Und die Vorstellung, dass er sich bei Minustemperaturen mit einer Freundin oder einem Freund für eine lauschige Liebesnacht auf dem Spielplatz entkleidet hatte, war trotz Trunkenheit zu abwegig, um sie überhaupt in Betracht zu ziehen. Trotzdem hatte Egon Gillert sich selbst entkleidet. Warum?

Die 1,89 Promille Alkohol waren, wie ausführlich erklärt, ein Teil der Wahrheit. Und der andere?

Was Nichteingeweihten wie ein Mysterium erscheint, ist in Wahrheit der deutlichste Hinweis, dass der Mann tatsächlich an nichts anderem als an Unterkühlung gestorben ist: Jedem Rechtsmediziner begegnet hin und wieder das Phänomen, dass Unterkühlte kurz vor Bewusstseinsverlust und nachfolgendem Tod ihre Kleidung ausziehen. Das sogenannte »paradoxe Entkleiden«, auch »Kälteidiotie« genannt, rührt von dem oben schon erwähnten Wärmegefühl her: Der Erfrierende bildet sich ein, ihm wäre heiß, und tut das, was Menschen bei tatsächlicher Hitze tun, sofern die Situation dies zulässt: Er reißt sich die Klamotten vom Leib. Sind die am Leichenfundort eingesetzten Polizeibeamten nicht mit diesem Phänomen vertraut, wird der Umstand, dass die oder der Tote nackt ist (»Leiche liegt nackt im Park«), häufig als Hinweis auf ein vorangegangenes Sexualdelikt interpretiert. Ermittlungen können so schon mal in eine vollkommen falsche Richtung laufen.

Dabei ist die Kälteidiotie ähnlich wie der Erfrierungstod in Kombination mit Alkohol kein seltenes Phänomen. Über die Hälfte aller Erfrierungstodesfälle in Deutschland ereignet sich in Kombination mit diesem paradoxen Entkleiden.

Ich erinnere mich noch an den Fall eines 78-jährigen Rentners, der tot und völlig unbekleidet im Winter in seinem Garten gefunden wurde. Er war schwer betrunken aus einer Kneipe nach Hause zurückgekehrt und hatte seinen Schlüssel nahe dem Haus verloren. Wühlspuren im Rasen zeigten, wo er nach dem Schlüssel gesucht haben musste, bis bei ihm, bedingt durch Kälte und zusätzlichen Alkoholeinfluss, das paradoxe Wärmegefühl eingesetzt hatte. Er hatte dann Schuhe, Hose, Jacke, Mantel und Mütze von sich geworfen und war im Garten erfroren.

Ein Kollege von mir erzählte mir von einem bizarren Fall, mit dessen rechtsmedizinischer Untersuchung er betraut war. Dabei wurden im tiefen Winter zwei übel zugerichtete Obdachlose nackt und tot in einem Park im Ruhrgebiet aufgefunden, ihre Kleidung war über den gesamten Park verstreut. Nachdem die Polizei zunächst, ähnlich wie in unserem Fall, spekuliert hatte, ob sie es mit einer brutalen Vergewaltigung zu tun hatten, führte die Obduktion zu entscheidenden Hinweisen auf den tatsächlichen Geschehensablauf: Die beiden Obdachlosen hatten sich gemeinsam mit billigem Schnaps betrunken und waren dabei durch die Gegend gezogen. Als sie den Park erreicht hatten, entwickelte sich zwischen ihnen ein Streit, der in eine heftige Prügelei mündete. Abschürfungen, Schwellungen, Nasenbeinbrüche und Platzwunden waren den beiden gemäß der rechtsmedizinischen Rekonstruktion nicht von einem Dritten, sondern jeweils vom Gegenüber beigebracht worden. Erschöpft von der Prügelei und narkotisiert vom Alkohol dämmerten beide langsam ein, entwickelten in ihrem deliranten Zustand ein paradoxes Wärmegefühl, zogen sich aus und erfroren dort im Park.

Wenn Menschen hierzulande erfrieren, geschieht dies meist selbstverschuldet und ohne Einwirkung Dritter. Man *erfriert* und *wird nicht erfroren*.

Trotzdem kann der Tod durch Unterkühlung, auch wenn er von niemandem absichtlich herbeigeführt wird, strafrechtlich von Bedeutung sein, und zwar dann, wenn hilflose Menschen bei niedrigen Außentemperaturen oder in kalten Räumen zurückgelassen werden. Hätte beispielsweise ein Saufkumpan Egon Gillert in dessen hochgradig betrunkenem Zustand, und damit mehr oder weniger hilflos, auf dem Spielplatz bei Minustemperaturen zurückgelassen, könnte das den Strafbestand der unterlassenen Hilfeleistung bzw. des Aussetzens erfüllen. So heißt es in § 323c des deutschen Strafgesetzbuches zur unterlassenen Hilfeleistung:

> »Wer bei Unglücksfällen oder gemeiner Gefahr oder Not nicht Hilfe leistet, obwohl dies erforderlich und ihm den Umständen nach zuzumuten, insbesondere ohne erhebliche eigene Gefahr und ohne Verletzung anderer wichtiger Pflichten möglich ist, wird mit Freiheitsstrafe bis zu einem Jahr oder Geldstrafe bestraft.«

Über Aussetzung informiert § 221:

> »(1) Wer einen Menschen 1. in eine hilflose Lage versetzt oder 2. in einer hilflosen Lage im Stich lässt, obwohl er ihn in seiner Obhut hat oder ihm sonst beizustehen verpflichtet ist und ihn dadurch der Gefahr des Todes oder einer schweren Gesundheitsschädigung aussetzt, wird mit Freiheitsstrafe von drei Monaten bis zu fünf Jahren bestraft.«

Phänomene wie paradoxes Entkleiden auf einem Kinderspielplatz bei 10 Grad unter Null oder Obdachlose, die sich bei eisiger Kälte nach einer Prügelei ausziehen, wirken so grotesk, dass manch einer nicht nur den Kopf schüttelt, sondern sich auch ein Grinsen nur schwer verkneifen kann. Das Grinsen vergeht einem jedoch spätestens dann, wenn man weiß, wo ein Großteil des Wissens der modernen Medizin über Hypothermie und Kältetod seinen Ursprung hat.

Es ist allgemein bekannt, dass die Nationalsozialisten in den Konzentrationslagern, insbesondere in Dachau und Auschwitz, medizinische Experimente mit Häftlingen durchgeführt haben. Zunächst hatten die Stabsärzte von Armee und Luftwaffe festgestellt, dass Tierversuche nicht die gesuchten Ergebnisse brachten. Ihr Auftrag: Nach wissenschaftlichen Grundlagen zu forschen, auf denen sich neue Rettungsanzüge für Marinesoldaten und Piloten entwickeln ließen, die vor extremen Umgebungstemperaturen, z. B. im eisigen Wasser der Nord- und Ostsee, schützten. Daher ging man in einem nächsten Schritt zu Menschenversuchen über – orchestriert von der deutschen Versuchsanstalt für Luftfahrt und unter der »Schirmherrschaft« des Reichsführers SS, Heinrich Himmler, einem der Hauptverantwortlichen für den Holocaust.

Bei diesen Experimenten ließ man zum Beispiel Häftlinge nackt oder auch mit einer Fliegeruniform bekleidet in Eiswasser schwimmen und leitete gleichzeitig ihre Herzfunktion über EKG-Elektroden ab und maß die Rektaltemperatur. Andere KZ-Häftlinge legte man stundenlang in eisigen Winternächten nackt und gefesselt auf die Erde und überschüttete sie in regelmäßigen Abständen mit kaltem Wasser, um die Rolle von Wasser als Beschleuniger des Erfrierungstodes zu untersuchen. Wieder andere wurden abwechselnd mit Eiswasser und kochend heißem Wasser überschüttet. Auch vor Kindern und Babys machten die Nazischergen nicht halt. Dass dies barbarische Quälereien durch Sadisten waren, steht außer Frage. »Sofern es prinzipiell dem Wohl des Staates dient, sind Menschenversuche zu tolerieren«, war Hitlers Ansicht zu diesen medizinischen Folterungen.

Gedanken an die Schmerzen der Opfer verschwendete man nicht. Aus den Akten der Nürnberger Prozesse ist zu entnehmen, dass die KZ-Ärzte ihre Opfer schließlich narkotisieren *mussten* – was sie vorher aus Kostengründen nicht getan hatten –, da die Schmerzenschreie so laut waren, dass sie auch in den Ortschaften rund um das Lager zu hören waren und so für unerwünschte Aufmerksamkeit sorgten.

Leider kann man diese Versuche nicht als Barbarei einer längst überwundenen Vergangenheit abtun, mit denen wir nie mehr etwas zu tun haben. Denn die Resultate dieser Experimente sind dem modernen Mediziner allgegenwärtig. Das Perverse – mir fällt wirklich kein passenderes Wort ein – ist, dass ein Großteil des medizinischen Wissens in den gegenwärtigen universitären Physiologiebüchern zu Thermoregulation und Erfrierungstod und auch das, was wir Rechtsmediziner über den Tod durch Unterkühlung wissen, seinen Ursprung in den Menschenversuchen der KZ-Ärzte hat.

Entzweigeteilte Ermittlung

Das rechtsmedizinische Obduktionsprotokoll ist Teil eines jeden strafrechtlichen Todesermittlungsverfahrens und wird daher immer dann angefertigt, wenn es um einen nicht natürlichen Tod geht bzw. um den Verdacht, dass es sich um einen solchen handelt. In diesem Kapitel gebe ich Ihnen einen ausführlichen Einblick in ein solches Protokoll; damit können Sie mir bei meiner Arbeit noch etwas genauer als bisher über die Schulter blicken. Die folgenden Auszüge stammen aus einem authentischen, wenn auch aus rechtlichen Gründen anonymisierten Protokoll zu einem spektakulären Fall, mit dem unser Institut betraut war.

PROTOKOLL
über die am xx.xx.xxxx
im Institut für Rechtsmedizin xx

durch die Ärzte
1. Prof. Dr. med. Michael Tsokos
2. Dr. med. xx
unter Assistenz von
3. Frau xx
vorgenommene Leichenöffnung

Die Leichenöffnung führte zu den nachstehenden, zunächst auf Tonträger aufgenommenen Ergebnissen.

A. ÄUSSERE BESICHTIGUNG

1. Die Augen geöffnet. Vorquellung der Augäpfel, die Hornhäute getrübt, die Augenbindehäute wie ausgewaschen, blass, nicht mehr beurteilbar.
2. Die gesamte Oberhaut (soweit vorhanden, s. u.) von Kopf und Hals (einschließlich Gesicht und behaarter Kopfhaut) fäulnisverändert, grünlich-gräulich, erweicht und leicht ablösbar.
3. Fehlen von Haut- und Weichteilstrukturen im Bereich der Nasenspitze und des Nasenrückens. Freiliegen des knöchernen Nasenskeletts und der Nasenscheidewand.
4. Freiliegen des jauchig erweichten Unterhautgewebes im rechten Kieferwinkelbereich. Entsprechender Befund unterhalb des Kinns in der linksseitigen Wangenregion mit Freiliegen der Kiefermuskulatur. Der Blick auf die Zähne des linken Oberkieferquadranten liegt frei.
5. Die rechte Ohrmuschel intakt. Beide Ohrläppchen nicht angewachsen, keine präformierten Löcher im Sinne von Hinweis auf früher getragenen Ohrschmuck.
6. Die linksseitige Ohrmuschel weist grobfetzige Defekte in ihren äußeren Anteilen auf, keine Unterblutungen, das hier freiliegende Weich-

gewebe hellgrünlich-gräulich imponierend (dieser Defekt grobsichtig sehr wahrscheinlich auf postmortalen Tierfraß zurückzuführen).

7. Eigenes, festsitzendes Gebiss des Oberkiefers. Der erste Schneidezahn des rechten Unterkieferquadranten fehlt, das dazugehörige Zahnfach ist offen. Im linken unteren Quadranten vollständiges, eigenes Gebiss. Zum Zahnstatus s. »B. INNERE BESICHTIGUNG«.
8. Am Kinn noch vereinzelte schwärzlich-dunkelbräunliche Bartstoppeln (bis 0,2 cm lang) erkennbar.
9. Schmierige, pastellartige Erweichung der Halseingeweide, soweit von der Abtrennungsstelle her einsehbar.
10. Im Nackenbereich bis 16 Zentimeter langes, dunkles, vermutlich vormals bräunliches Haar, leicht ausziehbar.
11. Die Wundränder am Hals teilweise relativ glatt begrenzt, teilweise auch grobfetzig, teilweise (bei eingeschränkter Beurteilbarkeit durch Leichenfäulnisveränderungen) von einem bandartigen, bis 0,5 cm breiten Vertrocknungssaum (Schürfungszone) umgeben; in dem darunter freiliegenden Weichgewebe des Halses grobsichtig keine Unterblutungen feststellbar.
12. Vereinzelt kleinere Muscheln im Bereich der Wundrandanteile an der Kopfunterseite bzw. Abtrennungsstelle des Kopfes am Hals (werden asserviert).

13. In den äußeren Gehörgängen schwärzlich-bräunliches, körniges Material, grobsichtig Sand und Kies entsprechend (Material wird asserviert).

Und? Haben Sie als interessierter Laie etwas verstanden? Was denken Sie, wie dieser Mensch wohl zu Tode gekommen ist? Eines ist Ihnen sicher aufgefallen: Es ist nur von einem Kopf die Rede. Der Grund dafür ist ebenso einfach wie unheimlich – wir hatten nur den Kopf!

Es war ein Sonntagnachmittag im Herbst, als Spaziergänger den Kopf am Elbstrand entdeckten. Für sie, die in sonntäglicher Idylle die Landschaft und die frische Luft genießen wollten und aller Wahrscheinlichkeit nach noch nie zuvor einen Toten aus der Nähe gesehen hatten, muss es eine grausige Erfahrung gewesen sein. Denn der Anblick, der sich uns bot, als der Kopf auf dem Sektionstisch lag, war auch für uns keineswegs alltäglich:

Leichenfäulnisprozesse hatten das Gesicht fast aller Konturen beraubt. Nur an den Bartstoppeln konnte man erkennen, dass es sich um den Kopf eines Mannes handeln musste. Die Haare waren zum Großteil ausgefallen, daher ließ sich die Haarlänge nicht eindeutig feststellen, und auch in Bezug auf die Haarfarbe konnten wir nur mutmaßen. Zudem hatte das Wasser die Haut des Kopfes aufgeweicht und die Gesichtshaut in eine graue Substanz verwandelt, die an Gummi erinnerte. Die glasigen, nahezu pupillenlosen Augen quollen aus den Höhlen hervor. Die Hornhäute waren trüb und hatten ihren Glanz völlig verloren. Im Bereich der Abtrennungsstelle hatten sich bereits Muscheln angesiedelt. Fische und andere Meerestiere hatten Gewebeteile aus dem einen Ohr herausgebissen, und durch die zunehmende Verwesung lagen auf der linken Seite Kiefermuskulatur und Backenzähne frei, was den Mund zu einer schaurigen Grimasse verzerrte.

Spricht man bei einem einzelnen abgetrennten Kopf eigentlich von einer Leiche?

Ja, denn als Leiche gilt nach den Bestattungsgesetzen einiger Bundesländer auch ein Körperteil, ohne den ein Mensch nicht lebensfähig ist, wie z. B. der Kopf oder der kopflose Rumpf. Andere Organe oder Gliedmaßen, wie z. B. Arme oder Beine, gelten hingegen als »Leichenteile«, sofern sie nicht aus medizinischen Gründen operativ entfernt, also amputiert wurden – in dem Falle spricht man von »Amputaten«. Wann immer also ein Kopf ohne Körper gefunden wird, werden sofort Kriminalpolizei, Staatsanwaltschaft und Rechtsmedizin eingeschaltet, da allein das Fehlen des Körpers auf einen nicht-natürlichen Tod hindeutet.

Also musste unser rechtsmedizinisches Team bei der Obduktion des am Elbstrand gefundenen Kopfes dasselbe tun wie bei jedem vollständigen Leichnam: Hinweise zur Todesursache, zur Identifizierung und zum Tat- bzw. Geschehenshergang finden. Und natürlich war zu klären, ob der Mann, dessen Kopf wir untersuchten, vor oder nach seinem Tod enthauptet worden war.

B. INNERE BESICHTIGUNG

I. KOPFSEKTION

1. Eröffnen der Kopfschwarte über einen im Hinterhauptsbereich von Ohr zu Ohr gesetzten Schnitt: die Kopfschwarte ohne Unterblutungen.
2. Kreisförmiges Eröffnen des knöchernen Schädeldaches mit der oszillierenden Knochensäge. Kein fremder Inhalt zwischen innerem Schädeldach und harter Hirnhaut; kein fremder Inhalt zwischen harter Hirnhaut und der Oberfläche des (durch Fäulnis) in der Schädelhöhle zurückgesunkenen Gehirns.
3. Das Schädeldach wird abgehoben. Die harte Hirnhaut wird mit einem Spatel vom inneren Schädeldach gelöst; sie ist unauffällig und weist grobsichtig keine Blutanlagerungen auf.
4. Inspektion der Innenseite des knöchernen Schädeldaches: Die Pfeilnaht von der Schädelinnenseite her nicht vollständig knöchern verschlossen.
5. Die Hirnmasse muss aufgrund ihrer Erweichung zum Teil mit einem Löffel aus dem Schädelinneren entnommen werden.
6. Entnahme der noch vorhandenen Halsweichteile (Zunge, tiefer Rachen, Kehldeckel und Zungenbein) über einen von der Abtrennungsstelle des Kopfes bis unter die Kinnspitze mit einem Skalpell geführten Schnitt.

7. Das Zungenbein im Übergangsbereich zwischen den Hörnern und dem Körper beiderseits beweglich (noch erhaltene knorpelige Verbindung zwischen den im Übrigen knöchern angelegten Strukturen). Das umgebende Weichgewebe wird vorsichtig mittels einer Schere schichtweise abgelöst, es ist – abgesehen von Fäulnisveränderungen – unauffällig. Blutungen lassen sich mit dem bloßen Auge nicht abgrenzen.
8. Die Halsschlagadern weisen zarte Gefäßwandinnenschichtverhältnisse auf.
9. Der erste und zweite Halswirbel werden unter Durchtrennung ihrer Bandverbindungen von der Schädelbasis abgelöst. Beide Wirbelkörper sind grobsichtig unauffällig, sie weisen keine Beschädigungen auf. Unauffälliger Aspekt der Wirbelsäulenschlagadern. Der Wirbelkanal beider zuvor genannter Wirbel leer, das Rückenmark fehlt. Beide Halswirbel werden tiefgefroren asserviert.

Vielleicht haben Sie es aus dem Protokollauszug schon herausgelesen: Vitalitätszeichen, die uns in unserem Fall hätten zeigen können, ob der Kopf antemortal – also vor dem Tod – oder postmortal abgetrennt worden war, fanden sich bei der Obduktion nicht. Zwar ist es prinzipiell möglich, aufgrund der Wundstruktur bei Fällen von Enthauptung relativ genaue Aussagen zu treffen, auf welche Weise der Kopf abgetrennt wurde, z. B. mittels einer Säge, einer Axt oder eines Beils, denn alle diese Werkzeuge hinterlassen charakteristische Spuren an

Weichgewebe und Knochen. Dazu aber waren in unserem Fall die Weichteile der Abtrennungsstelle am Kopf zu stark verfault, zudem hätte das Wasser alle Unterblutungen, wenn es sie denn an den Wundrändern gegeben hätte, ausgewaschen.

Auch den Todeszeitpunkt konnten wir wegen der langen Zeit, die der Kopf im Wasser gelegen hatte (»postmortales Intervall«), und der daraus resultierenden Fäulnisveränderungen nicht mehr näher eingrenzen. Wäre der Kopf wenige Stunden nach Abtrennung bei uns auf dem Sektionstisch gelandet, hätte man eventuell noch eine vorsichtige Einschätzung des Todeszeitpunktes durch die Messung der Hirntemperatur vornehmen können. In den achtziger und neunziger Jahren wurden experimentelle Daten zu Todeszeit bzw. Leichenliegezeit und dem postmortalen Abfall der Hirntemperatur erhoben, die gegebenenfalls hätten hilfreich sein können.

Anhand des Ausmaßes der Fäulnisveränderungen und der Muschelbesiedlung konnten wir immerhin schätzen, dass sich der Kopf zwischen zwei und fünf Wochen im Wasser befunden haben musste. Eine grobe Schätzung, mehr war nicht möglich. Und ebenso wenig entdeckten wir bei der Obduktion Hinweise darauf, wie es zum Tod des Mannes und zur Enthauptung (»Dekapitation«) gekommen sein könnte. Doch auch in solchen Fällen folgt im Obduktionsprotokoll auf die Auflistung zu äußerer und innerer Besichtigung immer das vorläufige Sektionsgutachten, das die Befunde zusammenfasst und gegebenenfalls aus rechtsmedizinischer Sicht interpretiert. »Vorläufig« wird dieses Gutachten deshalb genannt, weil es sich in seiner Einschätzung auf die Ermittlungsergebnisse bezieht, die beim Abschluss der Obduktion vorliegen. Die abschließende gutachterliche Stellungnahme enthält neben allen späteren Ermittlungsergebnissen auch noch die Resultate nachfolgender chemisch-toxikologischer, feingeweblicher (mikroskopischer) und gegebenenfalls notwendiger molekularbiologischer Untersuchungen.

C. VORLÄUFIGES SEKTIONSGUTACHTEN

I. Vorgeschichte: Wie von Herrn xx, LKA xx, den Obduzenten mitgeteilt wurde, fanden Spaziergänger den jetzt obduzierten Kopf am xx.xx.xxxx in den Vormittagsstunden in einer Uferböschung (mit Steinen befestigt) am Elbstrand auf Höhe xx. Der dazugehörige Körper wurde nicht gefunden. Auch unter Einsatz einer Suchmannschaft der Bereitschaftspolizei und unter Einsatz von Leichenspürhunden fanden sich in der Umgebung keine weiteren Leichenteile.

II. Die Sektion führte zu den folgenden wesentlichen Befunden (Sektionsdiagnose):
Kopf eines ca. 25 bis 45 Jahre alt gewordenen Mannes im Zustand fortgeschrittener Leichenfäulnis bei längerer Wasserliegezeit.
Teils glatt begrenzte, teils grobfetzig imponierende, von einem bandartigen Schürfungssaum umgebene Absetzungsstelle des Kopfes im unteren Halsbereich. Keine Vitalzeichen an den

Wundrändern (bei eingeschränkter Beurteilbarkeit aufgrund längerer Wasserliegezeit).
Keine Frakturen des knöchernen Schädeldaches, keine Einblutungen in der Kopfhöhle, grobsichtig keine Einblutungen im Hirngewebe (bei hochgradig eingeschränkter Beurteilbarkeit durch weit fortgeschrittene Leichenfäulnis).
Grobsichtig unversehrter erster und zweiter Halswirbel.
Grobfetzige Defekte der linksseitigen Ohrmuschel (sehr wahrscheinlich auf postmortalen Tierfraß durch Einwirkung z. B. mariner Fauna zurückzuführen).

III. Todesursache: Die Todesursache konnte durch die Sektion nicht geklärt werden.

IV. Hinsichtlich möglicher Identifizierungskriterien ist Folgendes festzustellen: Der Verstorbene war männlichen Geschlechts und dürfte zwischen 25 und 45 Jahre alt gewesen sein, was u. a. durch das Fehlen von arteriosklerotischen Veränderungen der Halsschlagadern und durch die nicht vollständig verknöcherte Pfeilnaht des Schädels angenommen werden kann.
Hinsichtlich der Haarfarbe des Verstorbenen ist festzuhalten, dass der Verstorbene sehr wahrscheinlich braune Haare hatte und diese (zumindest im Nackenbereich) bis zu 16 Zentimeter lang trug. Ferner zeigten sich beide Ohr-

läppchen nicht angewachsen und wiesen keine Ohrlöcher (für Ohrschmuck) auf.
Die teils glatt begrenzten, teils grobfetzig imponierenden und von einem bandartigen Schürfungssaum umgebenen Wundränder am Hals sprechen für eine Dekapitation durch eine sehr wahrscheinlich halbscharfe Gewalteinwirkung. Bei hochgradig eingeschränkter Beurteilbarkeit aufgrund fortgeschrittener Leichenfäulnisveränderungen des Kopfes ließen sich grobsichtig keine Unterblutungen im Bereich der Wundränder feststellen. Allerdings spricht diese Feststellung bei der längeren Wasserliegezeit des Kopfes nicht zwangsläufig gegen eine Dekapitation zu Lebzeiten bzw. für eine postmortale Enthauptung des Mannes.

V. Am Ende der Sektion wurden folgende Asservate zurückbehalten:
a) Kopfhaar und Gesichtsmuskulatur für chemisch-toxikologische Untersuchungen
b) Kopfhaare, Gesichtsmuskulatur und Zähne für DNA-Untersuchung
c) Zungenbein, Kehlkopfskelett und harte Hirnhaut, formalinfixiert
d) Ober- und Unterkiefer für odontologische Untersuchung, tiefgefroren
e) Erster und zweiter Halswirbel, tiefgefroren
f) Muscheln und schwärzlich-bräunliches, körniges Material (Letzteres grobsichtig Sand und Kies entsprechend)

Die o.g. Asservate verbleiben für weiterführende Untersuchungen mindestens zwölf Monate in Obhut des Instituts für Rechtsmedizin – sie können danach aus Platzgründen entsorgt werden, sollten bis dahin keine Untersuchungsaufträge eingehen, die Asservate abgefordert oder um eine längere Aufbewahrungsfrist nachgesucht werden.

Gezeichnet
Prof. Dr. Tsokos Dr. xx
1. Obduzent 2. Obduzent

Vom Tonträger abgenommen am xx.xx.xxxx

Auch wenn wir den Kripo-Leuten keine harten Fakten für den Tat- oder Geschehenshergang liefern konnten, standen wir nicht komplett mit leeren Händen da. Denn immerhin ließ sich einiges über das Gebiss des Toten verraten. Entsprechend enthielt das Obduktionsprotokoll unter »B. Innere Besichtigung« noch einen Abschnitt, den ich hier bisher unterschlagen habe:

Zahnstatus: Oberkiefer, rechter Quadrant – die Zähne 1 bis 8 vorhanden, keine früheren Zahnarbeiten feststellbar. Linker oberer Quadrant – die Zähne 1 bis 7 vorhanden; Zahn 8 fehlt, das Zahnfach geschlossen. Rechter Unterkieferquadrant – der erste Schneidezahn fehlt, hier ein offenes Zahnfach (sehr wahrscheinlich postmortaler Verlust dieses Zahnes); die Zähne 2 bis 8 hier vorhanden, die Zähne 4 und 5 an der kauseitigen Fläche mit Amalgamfüllung versehen, die Zähne 6 und 7 an der Kaufläche ausgehöhlt (fraglich Zustand nach Ausfall von prothetischem Zahnmaterial), Zahn 8 an der Kaufläche Amalgamfüllung. Linker Unterkieferquadrant – die Zähne 1 bis 8 vorhanden, Amalgamfüllung der Kaufläche der Zähne 6 bis 8.

Dieser detaillierte Bericht über das Gebiss des Toten wurde von den polizeilichen Ermittlern (in diesem Fall der zuständigen Mordkommission) an umliegende regionale Polizeidienststellen weitergeleitet, mit der Anfrage, ob in deren Zuständigkeitsbereich eine Vermisstenanzeige einen etwa 25 bis 45 Jahre alten Mann mit vermutlich braunen Haaren betreffend aufgegeben worden sei.

Nach knapp zwei Wochen bekamen wir eine positive Rückmeldung. Einem Beamten war aufgefallen, dass unser grobes Raster (Geschlecht, geschätztes Alter und vermutete Haarfarbe) zu einer Vermisstenanzeige passte, die drei Wochen zuvor eingegangen war. Eine ältere Frau hatte angegeben, dass ihr Sohn spurlos verschwunden sei. Daraufhin wandte sich der Beamte an den Zahnarzt des Vermissten, und der konnte den dokumentierten Zahnstatus zweifelsfrei seinem Patienten zuordnen. Holger Evers, ein 42-jähriger Facharbeiter, hatte in einem Dorf in der Nähe der Polizeidienststelle gewohnt und laut Zeugenaussagen an einer depressiven Persönlichkeitsstörung gelitten.

Nun, da es gelungen war, den »Besitzer« des Kopfes zu identifizieren, hatten die Kollegen von der Kripo eine

Grundlage für weitere Ermittlungen, auch wenn diese nur darin bestehen konnten, die nun vorhandenen Daten von Holger Evers an andere Polizeidienststellen weiterzugeben – Körpergröße, Gewicht, Statur und Hautfarbe. Ein Foto von Evers zu verschicken hatte natürlich keinen Sinn – denn man suchte ja nach einem Körper, der keinen Kopf mehr hatte.

Doch die Daten reichten aus: Nach einigen Tagen kam von wiederum einer anderen Polizeidienststelle in der Region tatsächlich der entscheidende Hinweis. Fünf Wochen zuvor war in der Elbe ein Körper ohne Kopf gefunden worden – von der Fundstelle des Kopfes 25 Kilometer stromaufwärts. Dieser Körper ohne Kopf war, als man ihn entdeckt hatte, nahezu »frisch« gewesen (wir sprechen von »frischen Leichen«, wenn sich noch keine Fäulnisveränderungen am Leichnam zeigen). Der Tote war bereits von den Kollegen des rechtsmedizinischen Instituts obduziert worden, zu dessen Zuständigkeitsbereich der Auffindungsort gehörte. Ein DNA-Abgleich ergab, dass Kopf und Körper zweifellos zusammengehörten, also von Holger Evers stammten.

Am Telefon erzählte mir der zuständige Kriminalbeamte der Dienststelle, die es mit dem kopflosen Holger Evers zu tun gehabt hatte, den Sachverhalt, wie er sich wenige Wochen zuvor ihm und den zuständigen Rechtsmedizinern dargestellt hatte: Der kopflose Körper war in der Elbböschung am Fuß einer neun Meter hohen Elbbrücke aufgefunden worden. Von einem Elbdampfer aus hatten Touristen den Körper auf der steinigen Böschung liegen sehen und die Szenerie zunächst für einen makaberen Halloween-Scherz gehalten, da es der 31. Oktober war. Dem Kapitän des Elbdampfers war jedoch relativ rasch klar, dass es sich hierbei nicht um eine Inszenierung, sondern um etwas ganz anderes handeln musste. Seinem geschulten Blick war nämlich schon bei der Durchfahrt seines Schiffes unter der Elbbrücke nicht entgangen, dass ein Stahlseil von der Brücke hing, mit einer Schlinge am unteren Ende.

Als die Polizei eintraf, wurde das Gelände weiträumig abgesperrt und der Leichenfundort untersucht. Der kopflose Körper lag auf dem Geröll der Uferböschung und war mit einer Windjacke, Jeans und Strümpfen bekleidet. Die Schuhe fehlten. Und vor allem fehlte jede Spur von dem Kopf des Mannes. Bei der Brücke handelte es sich um eine Autobrücke, die am Rand auch von Fußgängern genutzt werden konnte. Schnell fanden die Beamten an der Außenbalustrade der Brücke das Stahlseil, das der Kapitän bereits entdeckt hatte. Es war 15 Meter lang, hatte einen Durchmesser von 0,6 Zentimetern und war mehrfach um das Brückengeländer geschlungen und zusätzlich mit einem Karabinerhaken daran befestigt. Die Schlinge des Stahlseils hing sechs Meter tief von der Brücke herab. Auf dem Fußweg der Brücke lag ein Rucksack, der persönliche Gegenstände und Ausweispapiere von Holger Evers enthielt – und einen Abschiedsbrief. In dem Brief bat Evers seine Mutter um Vergebung und erklärte seine Gründe. Er habe Probleme an seinem Arbeitsplatz gehabt und unter chronischen Stimmungsschwankungen gelitten, die ihn immer wieder in seinem Handeln lähmten.

Wegen des mit einer Schlinge versehenen Stahlseils

und des Abschiedsbriefes glaubte keiner der beteiligten Ermittler an Mord. Andererseits sind Selbsttötungen durch Enthauptung ausgesprochen selten. Und noch seltener kommt es zur Enthauptung durch Erhängen. Von 7.700 Todesfällen, die wir zwischen 1995 und 2002 in unserem Institut untersucht haben, hat es sich nur in zehn Fällen um Tod durch Dekapitation gehandelt. Acht dieser Suizidenten waren von einem Zug überrollt worden. Zur Enthauptung durch Erhängen war es lediglich in zwei Fällen gekommen.

Der Grund dafür, dass diese Todesursache auch uns Rechtsmedizinern kaum begegnet, hat hauptsächlich mit physikalischen Gesetzen zu tun. Wenn sich jemand eine Schlinge um den Hals legt und sich in die Schlinge gleiten oder fallen lässt, so dass das eigene Körpergewicht Zug auf die Schlinge ausübt und diese zuzieht, werden im Normalfall die Halsschlagadern abgedrückt, was zu Blut- und Sauerstoffleere im Gehirn und so zum Tod führt. Zur Dekapitation kommt es nur dann, wenn gleichzeitig mehrere Voraussetzungen erfüllt sind. Entscheidende Faktoren sind die *Stabilität des Seils*, das *Körpergewicht* und die *Fallhöhe*. Das Seil muss reißfest und sehr dünn sein – wie in diesem Fall ein Stahlseil mit nur 0,6 cm Durchmesser. Der Suizident muss aus großer Höhe bzw. in große Tiefe springen – wie hier von einer neun Meter hohen Brücke mit einem sechs Meter langen Seil um den Hals. Da das Seil eine Weile brauchte, bis es sich spannte und Zug auf den Hals ausübte, kam es zu erheblicher Zugspannung auf den Hals – ein starker Impuls, der bei einem stabilen und dünnen Seil wie diesem Gewebe und Bandverbindungen zwischen den Halswirbeln komplett durchtrennen konnte. Doch dabei spielte natürlich auch das Körpergewicht des Suizidenten eine Rolle.

Kriminaltechniker haben spezielle Formeln, mit denen sie die Fallenergie, die zur Kopfabtrennung notwendig ist, exakt berechnen können. Diese Formeln setzen Fallhöhe, Körpergewicht und Erdbeschleunigung miteinander ins Verhältnis. Werte von 12.000 Newton und mehr führen in der Regel zur Enthauptung.

Holger Evers wog 102 Kilo. Er hatte das dünne, sechs Meter lange Stahlseil an der Balustrade befestigt, sich die Schlinge um den Hals gelegt und sich dann durch einen Sprung von der Brücke in den Tod gestürzt. Das zusammen ergab die nötige kinetische Energie, um seinen Kopf vom Rumpf zu trennen.

Was nach der Dekapitation durch Erhängen geschah, konnten wir nun, da wir die Zusammenhänge kannten, leicht nachvollziehen. Der Körper des Mannes war auf der Uferböschung gelandet, während der abgetrennte Kopf die schräge Böschung hinuntergerollt und im Elbwasser gelandet war. Dort wurde er von der Strömung erfasst und erst nach etwa drei Wochen 25 Kilometer flussabwärts an Land gespült. Das erklärt auch, warum nur der Kopf, nicht aber der Körper von Leichenfäulnisveränderungen in Mitleidenschaft gezogen war.

Der grausige Fund war also, wie in so vielen anderen Fällen, die Folge davon, dass ein Mensch mit aller Macht aus dem Leben scheiden wollte – auch wenn die Enthauptung ganz sicher dabei nicht einkalkuliert war.

Ein Kopf ohne Körper – der Anblick erschreckt und fasziniert die Menschen seit jeher. An keinem anderen Körperteil zeigen sich Charakter und Einzigartigkeit des jeweiligen Menschen so sehr wie am Kopf, und neben dem Herzen ist kein anderer Körperteil für das Überleben des Gesamtorganismus so wichtig. Fast alle anderen Organe kann man transplantieren oder ihre Funktion mittels Pharmaka ersetzen. Beim Kopf geht das nicht. Im knöchernen Schädel befindet sich das Gehirn, das nicht nur durch seine mentalen und kognitiven Funktionen, sondern auch durch die von hier gesteuerten Emotionen jeden Menschen einzigartig, eben zu einem Individuum macht. Metaphern wie »der Kopf der Organisation« und »kopflos handeln« zeigen die Bedeutung dieses Körperteils als Schaltzentrale, von der aus alles Übrige gesteuert wird.

So sind auch der Kopf ohne Körper sowie das Enthaupten an sich sehr alte und wirkungsvolle Motive in der menschlichen Kulturgeschichte. Bilder eines abgetrennten Kopfes zeigen den Charakter und das Besondere des abgebildeten Menschen zugleich mit dessen Auslöschung. Denn der Kopf ohne Körper ist gleichzeitig Abbild für den Tod des Individuums.

Vielleicht kennen Sie eines der Gemälde, die Salome, Tochter des Herodes, mit dem Haupt Johannes' des Täufers zeigen oder Judith bei der Enthauptung von Holofernes. Vom heiligen Minias, dem Namensgeber der Kirche San Miniato al Monte in Florenz, ist überliefert, dass der römische Kaiser Decius ihn im Jahre 250 n. Chr. köpfen ließ, da Minius sich weigerte, ihn als Gott anzuerkennen. Dennoch gelang es Minius der

Sage nach, mit seinem Kopf unter dem Arm den Hügel am Arno hinaufzulaufen, um dort den Grundstein für seine Kirche zu legen.

Früher kannte jedes Kind die Geschichte von dem Piraten Klaus Störtebeker, der mit seinem Scharfrichter die berühmte Vereinbarung getroffen hatte, dass alle Mitglieder seiner Mannschaft, an denen er ohne Kopf noch vorbeilaufen konnte, begnadigt würden. Er wurde übrigens am selben Elbstrand geköpft, an dem auch jener Kopf gefunden wurde, den ich 600 Jahre später rechtsmedizinisch untersuchte.

Enthauptungen sind auch ein beliebtes Feld für Phantasien und Spekulationen aller Art. So wurde ich tatsächlich schon einmal ernsthaft in einem Interview gefragt, wie lange ein Kopf ohne Körper überleben bzw. ob ein Körper ohne Kopf wie in der Störtebeker-Geschichte noch laufen kann.

Französische Ärzte haben zur Zeit der Französischen Revolution dazu makabere Experimente durchgeführt. Sie hatten frisch abgeschlagene bzw. guillotinierte Köpfe – von denen es ja zu jener Zeit einige gab – Licht- und Tonreizen ausgesetzt und mögliche »Reaktionen« protokolliert. Allzu viel dürfte es dabei allerdings nicht zu protokollieren gegeben haben, denn die Wahrheit ist, dass ein Kopf ohne Körper nicht überleben kann.

Dennoch fragen sich viele Menschen, ob abgetrennte Köpfe noch bewusste (sinnvolle, zielgerichtete) kognitive Leistungen erbringen können und ob das menschliche Gehirn nicht doch eine Zeitlang ohne Sauerstoffzufuhr funktionieren kann. Auch die Frage, ob ein

Körper ohne Kopf noch irgendwelche motorischen Fertigkeiten verrichten kann (z. B. umherlaufen, wie es der heilige Minias und Störtebeker angeblich noch taten), wird immer mal wieder, insbesondere von Physiologen, diskutiert.

Ein durchaus berechtigter Grund für die Annahme, dass der Körper ohne Kopf noch zumindest einen Moment lang motorische Funktionen erfüllen kann, dürfte der Umstand sein, dass sich bei einem Großteil von Enthaupteten aspiriertes Blut noch tief in den Atemwegen findet. Dies ist theoretisch eigentlich unmöglich, da durch die Trennung der Verbindung zwischen Kopf und Körper das Rückenmark und somit die Kommunikation zwischen Atemzentrum im Gehirn und übrigem peripherem Nervensystem unterbrochen wird. Damit sind auch die Nervenstränge unterbrochen, die für das Zwerchfell und die Atemhilfsmuskulatur verantwortlich sind und den reibungslosen Ablauf der Atemtätigkeit sicherstellen. Somit müsste theoretisch jede Atemtätigkeit bei einer Abtrennung des Kopfes schlagartig aussetzen. Dennoch finden wir bei Obduktionen Enthaupteter (z. B. nachdem sie von einem Zug überfahren wurden) fast immer Blut aus den durchtrennten Halsgefäßen in den Atemwegen bis in die kleinen Lungenbläschen hinein – was eine funktionierende Atemtätigkeit voraussetzt.

Pathophysiologisch kann dieser Befund nur so erklärt werden, dass die Atmung noch für ein paar Sekunden (vielleicht auch nur Millisekunden), auch ohne Koordination durch das Gehirn, allein über das Rückenmark gesteuert wird und auf diese Weise, wenn auch nur sehr kurze Zeit eine (Rest-)Atemfunktion erhalten ist und Blut aspiriert werden kann. Theoretisch reichen ein oder zwei tiefe Atemzüge, um die Bronchien und Lungenbläschen mit dem Blut zu füllen, das aus den durchtrennten Halsschlagadern und Venen in die Luftröhre gelangt ist.

Es muss also niemand befürchten, auf der Straße einem kopflosen Passanten zu begegnen. Und zum Glück begegnet auch mir als Rechtsmediziner äußerst selten ein solcher Fall wie der Kopf am Elbstrand.

Ein tödliches Wunder

Der 43-jährige Dieter Hemker verlässt seine Wohnung. Das Gesicht bleich, die Augen tief in den Höhlen, der Gang gebückt. Zielgerichtet, aber unsicher auf den Beinen bewegt er sich auf sein Auto zu. Mit der einen Hand umklammert er eine blaue Tasche, in der anderen hält er drei Fotos: von seiner Frau und seinen zwei Kindern. Er öffnet die Wagentür, steigt ein, lässt die Tasche auf den Beifahrersitz fallen und steckt den Schlüssel ins Zündschloss. Er holt noch einmal tief Luft, dann fährt er aus der Parklücke und tritt aufs Gas.

Später am selben Tag: Ein Streifenwagen fährt eine Landstraße in Norddeutschland entlang. Plötzlich entdecken die Polizeibeamten im Straßengraben einen Kastenwagen, der offenbar von der Straße abgekommen ist. Sie halten an, um sich die Sache aus der Nähe anzusehen. Es ist Winter, deshalb ist das Wasser in dem Graben gefroren. Vorderräder und Stoßstange des Kastenwagens stecken teilweise im Eis. Das Fahrzeug ist unbeschädigt.

Die Beamten rechnen nicht damit, dass sich bei minus drei Grad Außentemperatur noch jemand in dem Wagen aufhält. Routinemäßig werfen sie einen Blick ins Wageninnere. Und schrecken augenblicklich zurück. Es sitzt tatsächlich jemand auf dem Fahrersitz. Die

Hände ruhen auf dem Lenkrad, der Anschnallgurt ist vorschriftsmäßig angelegt. Doch schon ein einziger Blick verrät, dass der Fahrer nicht am Steuer eingeschlafen ist, unter Drogen steht oder aus unerfindlichen Gründen trotz der Winterkälte in dem Wagen sitzt und liest oder telefoniert. Er hat den Wagen nicht verlassen, weil er ohne jeden Zweifel tot ist. Denn dort, wo zuvor einmal der Kopf des Fahrers gewesen ist, ragt jetzt nur noch ein blutiger Stumpf aus der blauen Winterjacke und dem beigefarbenen Pullover heraus.

Nach dem Kopf müssen die beiden Polizisten nicht lange suchen. Er liegt im Fußraum der Rückbank, hinter dem Fahrersitz.

Ein solches Horrorszenario regt natürlich zu allerlei Spekulationen an. Als der Verstorbene im Institut für Rechtsmedizin eingeliefert wurde, mutmaßten die Streifenpolizisten und die Ermittler von der Kripo bereits, wer wohl eine solch bestialische Tat begangen hatte – Mord durch Enthauptung. Es fielen Worte wie »sadistischer Killer« und »Milieumord«. An einen Unfall glaubte niemand.

Ich selbst hatte noch nie einen Fall untersucht oder auch nur von einem gehört, bei dem ein Mensch durch einen Autounfall enthauptet worden war. Durch einen Mähdrescher oder andere große Maschinen kann so etwas passieren, aber kaum auf dem Vordersitz eines Pkws, noch dazu in einem unbeschädigten Fahrzeug.

Allerdings sind Enthauptungen als Mordmethode ebenfalls ausgesprochen selten. In meiner Eigenschaft als Rechtsmediziner konnte ich mich nur an einen einzigen Fall erinnern. Bei der Obduktion hatte sich herausgestellt, dass sich in den Atemwegen und in der Lunge aspiriertes Blut befand. Das hieß: Der Täter hatte die Frau, nachdem er sie ans Bett gefesselt hatte, bei lebendigem Leib enthauptet. Tatwaffe war damals ein Küchenmesser gewesen.

Aber etwas Ähnliches war in diesem aktuellen Fall schwer vorstellbar. Warum sollte jemand eine solche Tat auf offener Straße begehen?

Da war es wahrscheinlicher, dass der Mörder sein Opfer im Anschluss an die Tötung geköpft hatte. Mordopfer werden manchmal postmortal von einem Täter enthauptet, mit dem Ziel, die Identifizierung des Toten zu erschweren. In einigen Fällen wird der ganze Körper zerstückelt, und die einzelnen Körperteile werden an verschiedenen Orten abgelegt. Der Rechtsmediziner spricht dabei auch von »defensiver Leichenverstümmelung«.

Ich erinnerte mich an einen Fall, in dem die Ermittler in einem Hotelappartement auf dem Bett den enthaupteten Körper eines 40-jährigen Mannes fanden, daneben einen Hammer und eine Fuchsschwanzsäge. Den Kopf des Mannes entdeckten die Beamten schließlich in der Toilette. Die grausige Wahrheit: Der Täter hatte seinen Ex-Lover zunächst erdrosselt, nachdem zwischen beiden in alkoholisiertem Zustand ein Streit ausgebrochen war. Dann hatte er den Kopf des Mannes mit der Säge abgetrennt und versucht, ihn in der Toilettenschüssel hinunterzuspülen, natürlich vergeblich. Da der Kopf dafür zu groß war, wollte der Täter ihn mit Hammerschlägen »zerkleinern«. Als auch das nicht gelang, ließ er den Kopf in der Toilettenschüssel liegen und steckte das Appartement in Brand. Nachbarn riefen allerdings sofort die Feuerwehr, und kurze Zeit später war auch die Kripo am Tatort. Die Obduktion von Kopf und Körper des Mannes belegte, dass das Opfer durch Erdrosseln gestorben war und die Enthauptung postmortal stattgefunden hatte. Es fanden sich keine Unterblutungen an den Wundrändern des abgetrennten Kopfes und in den Lungen auch keine Aspiration von Blut infolge der Kopfabtrennung, auch Kopfhaut und Kopfschwarte waren nicht so unterblutet, wie dies der Fall gewesen wäre, wenn die Hammerschläge den Kopf zu Lebzeiten des Mannes getroffen hätten.

Bei dem Fahrer des Kastenwagens konnten wir eine defensive Leichenverstümmelung durch Enthauptung ausschließen, da der Kopf weder versteckt noch unkenntlich gemacht worden war. Es kam also bestenfalls eine »offensive Leichenverstümmelung« in Frage.

Von offensiver Leichenverstümmelung sprechen wir, wenn der Täter im Anschluss an den Mord Körperteile des Opfers abtrennt, weil ihn entweder der Vorgang als solcher erregt oder er sie als Souvenirs oder Trophäen mit nach Hause nehmen will, um den Mord und vielleicht auch die Leichenzerstückelung später wieder und wieder in seiner Phantasie durchleben zu können. Letzteres konnte in unserem Fall aber auch keine Rolle spielen – eine Enthauptung im Rahmen einer offensiven Leichenzerstückelung war wegen des öffentlichen und beengten Tatortes und aufgrund der Tatsache, dass der abgetrennte Kopf ja nicht entwendet worden war, mehr als unwahrscheinlich.

Aber stand denn überhaupt zweifelsfrei fest, dass der Mann im Auto getötet und enthauptet worden war? Der Mann konnte doch auch nach Mord und Enthauptung auf den Fahrersitz gesetzt, angeschnallt und der Kopf im Fußraum des Fonds vor der Rückbank platziert worden sein.

Das ist zwar theoretisch möglich, konnte hier aber ausgeschlossen werden, da der Fahrer bei der Dekapitation zweifelsfrei auf dem Fahrersitz gesessen hatte. Das bewiesen die Blutspurenmuster, d.h. Verteilung und Aussehen der Blutspritzer und -tropfen im Fahrzeuginneren: Neben Blutspritzern auf Lehne und Sitzfläche der Rücksitzbank fanden sich Blutabrinnspuren am rückwärtigen Teil der Rückenlehne des Fahrersitzes und Tropfspuren von frischem Blut im Fußraum der Rückbank, wo der abgetrennte Kopf lag.

Was den Tat- oder Geschehenshergang betraf, gab es also zwar Anhaltspunkte, um verschiedene Theorien auszuschließen, aber keine wirklichen Hinweise. Solche hofften wir nun bei der Obduktion zu finden. Die Identifizierung des Opfers mussten wir dagegen nicht mehr vornehmen, denn in der Jacke des Enthaupteten fanden sich Ausweispapiere, die den Ermittlern die Identität des Kopfes verrieten: Dieter Hemker, arbeitsloser Heizungsmonteur, 43 Jahre alt. Aufgrund einer charakteristischen Tätowierung am linken Unterarm ließ sich zweifelsfrei bestätigen, dass Kopf und Körper zusammengehörten, denn Hemker hatte, nach Angaben seiner Frau, genau so eine Tätowierung gehabt.

Auch wenn die vorliegenden Fakten trotz aller Klarheit wie immer auch rechtsmedizinisch verifiziert werden mussten, konnten wir uns auf potentielle Hinweise in Bezug auf den Hergang konzentrieren: Wie war Dieter Hemker getötet und enthauptet worden? Und in der Tat förderte die Obduktion einige interessante Resultate zutage. Allerdings auch neue Fragen.

So entdeckten wir zum Beispiel Blut in den Atemwegen. Der Mann hatte also kurz vor seinem Tod noch Blut aspiriert. Damit war klar, dass er zum Zeitpunkt der Enthauptung noch gelebt haben musste und wir alle Theorien einer postmortalen Enthauptung endgültig ausschließen konnten. Aber das erklärte noch immer nicht, unter welchen Umständen der Mann enthauptet worden war. Aus den obenerwähnten Gründen passte ja ein Mord durch Enthauptung nicht ins Bild. Hatten wir es doch gegen jede Erwartung mit einem abstrusen Unfall, mit irgendeiner anderen Form von Fremdeinwirkung zu tun?

Bei der intensiven Inspektion der Abtrennungsstelle von Kopf und Körper am Halsstumpf konnten wir feinstaubartige Metallablagerungen nachweisen, wie sie sich zum Beispiel auch beim Bearbeiten von Metall mit einer entsprechenden Feile finden. Im Übrigen war die Wunde untypisch für eine durch einen Schnitt hervorgerufene Verletzung. Wenn der Kopf aber nicht durch einen Schnitt abgetrennt worden war, wodurch dann? Und wie?

Die Antworten auf diese zentralen Fragen fanden dann die zuständigen Ermittler und die Spurensicherung.

Zuallererst nahmen sie die private Situation von Dieter Hemker unter die Lupe: Nachdem seine Frau sich von ihm getrennt hatte, war ihr auch das alleinige Sorgerecht für die zwei Kinder zugesprochen worden. Seither hatte Hemker allein gelebt. Kurz vor seinem Tod hatte er dann auch noch seinen Job als Heizungsmonteur verloren. Zudem verriet ein Blick in die medizinischen Unterlagen seines Hausarztes, dass Hemker sich schon seit einigen Monaten wegen schwerer Depressionen in psychiatrischer Behandlung befunden hatte. Das alles deutete darauf hin, dass er im Kastenwagen Suizid begangen hatte. Aber Suizid durch Enthauptung?

Als die Spezialisten von der Spurensicherung auch die weitere Umgebung des Fahrzeugs in Augenschein nahmen, erhielten wir sowohl die Bestätigung für die vermutete Selbsttötung als auch die dazugehörige Erklärung. An einem hölzernen Weidezaun entdeckten die Beamten ein dünnes, 40 Meter langes Stahlseil, das mehrfach um eine der Holzplanken gewickelt und geknotet war. Am anderen Ende des Seils, das gut versteckt unter dem Schnee gelegen hatte, befand sich eine Schlinge von etwa 15 Zentimeter Durchmesser.

Das gefundene Stahlseil zusammen mit dem starken Suizidmotiv ließ mehr als vermuten, was sich dort abgespielt hatte, bevor die nichtsahnenden Streifenpolizisten ihren grausigen Fund machten: Dieter Hemker hatte das Stahlseil am Weidezaun befestigt, durch das Rückfenster seines Kastenwagens ins Wageninnere geführt und sich anschließend die Schlinge um den Hals gelegt. Dann raste er los. Durch die hohe Startgeschwindigkeit – wahrscheinlich trat er das Gaspedal bis zum Anschlag durch – und die Stabilität des Stahlseils wurde ihm schon nach wenigen Metern Fahrt der Kopf abgerissen. Dieser fiel nach hinten in den Fußraum vor der Rückbank. Während der Wagen weiterfuhr und schließlich im Straßengraben zum Stehen kam, glitt das Stahlseil mitsamt der Schlinge wieder aus dem Auto und blieb auf dem Seitenstreifen liegen, wo es dann von frisch gefallenem Schnee bedeckt wurde und deshalb den vor Ort eingesetzten Polizeibeamten zunächst nicht aufgefallen war.

Der spätere DNA-Abgleich bewies, dass die Vermutung den Tatsachen entsprach: Die Gewebereste, die an der Schlinge hafteten, stammten eindeutig von Dieter Hemker. Damit war der Fall also geklärt. Eigentlich.

Doch der Suizid durch Enthauptung war buchstäblich nur die halbe Wahrheit. Auf die andere Hälfte hatte uns schon die Obduktion gestoßen, die nämlich nicht nur die obenerwähnten Fragen aufwarf: Schon bei der obligatorischen äußeren Leichenschau stießen wir auf zwei bemerkenswerte Details: Der Tote wies fast keine Leichenflecken auf und hatte in beiden Armbeugen frische Nadeleinstichstellen. Solche Einstiche finden sich häufig bei Menschen, die noch lebten, als sie gefunden wurden, und weisen auf das Bemühen des Notarztes hin, das Leben des Menschen doch noch zu retten. Dies konnten wir in unserem Fall jedoch ausschließen.

Bei der eigentlichen Obduktion entdeckte ich erneut Ungewöhnliches: Sämtliche inneren Organe wiesen eine überdurchschnittliche Blutarmut auf, die sich allein durch die Dekapitation und die im Fahrzeuginneren vorhandene Blutmenge nicht erklären ließ.

Diese Blutarmut hatte dazu geführt, dass die Nieren des Mannes ihre rötliche Farbe verloren und ihre graugelbe »Eigenfarbe« angenommen hatten. Zusammen mit dem fast vollständigen Fehlen von Leichenflecken konnte das nur bedeuten, dass der Verstorbene einen Teil seines Blutes schon vor seiner Enthauptung verloren hatte.

Was war hier vor der Enthauptung passiert? Woher rührte dieser offensichtlich massive Blutverlust zu Lebzeiten des im Übrigen völlig organgesunden Mannes?

Die Antwort fanden die Ermittler der Kriminalpolizei in der Wohnung von Dieter Hemker, denn dort erwartete sie eine wahrhaft schaurige Anordnung von Gegenständen: Auf dem Küchentisch standen zwei Colaflaschen, beide gefüllt mit jeweils einem Liter einer dunkelroten Flüssigkeit, offenbar Blut. Daneben lagen zwei Kanülen und zwei mit eingedicktem und angetrocknetem Blut verstopfte dünne Plastikschläuche. Eine Probe der dunkelroten Flüssigkeit wurde sofort in unser DNA-Labor gebracht, um zweierlei zu klären: Handelte es sich tatsächlich um Blut, und wenn ja, stammte dieses Blut von Dieter Hemker? Es bestätigte sich beides.

Als ich von dem Fund in der Wohnung erfuhr, war mir klar, was die Einstiche in den beiden Armbeugen des Toten zu bedeuten hatten: Dieter Hemker, der seine Familie und seinen Job verloren hatte und zudem an schweren Depressionen litt, hatte zunächst versucht, sich mit den Kanülen Blut abzuzapfen und sich auf diese Weise quasi selbst »ausbluten« zu lassen. Dafür hatte er sich die Kanülen nacheinander in die Venen seiner

Armbeugen gestochen und über den Plastikschlauch sein Blut in die Colaflaschen abfließen lassen. Als das Blut aus der einen Armbeuge zu gerinnen begann und der eine Plastikschlauch mit geronnenem Blut verstopft war, stach sich Hemker in den anderen Arm und wiederholte die Prozedur. Auch hier füllte er eine Colaflasche, doch wieder gerann das Blut in dem Plastikschlauch, ohne dass er das Bewusstsein verlor oder gar der Tod eintrat.

Was der verlassene und arbeitslos gewordene Mann als Suizidmethode gewählt hatte, war seit der Antike viele Jahrhunderte lang mit dem Ziel eingesetzt worden, Krankheiten zu heilen. Gemeint ist der Aderlass. Vielleicht hatte Hemker die Idee ja aus der Geschichte von Robin Hood, an die ich mich aus Kindertagen erinnere, weil sie mich damals, als meine Mutter sie mir vorlas, so schockiert und traurig gemacht hatte. In dem Buch lässt eine Äbtissin, bei der Robin Hood Unterschlupf gesucht hat, ihn wegen einer Erkrankung zur Ader. Was Robin Hood nicht weiß: Sie hat nicht seine Heilung im Sinn, sondern ist von seinem Feind Sir Guy of Gisborne gedungen worden, ihn durch den Aderlass zu töten. Tatsächlich stirbt er dann an dem starken Blutverlust aus seinen Armvenen.

Der Aderlass – das Behandlungsmittel der Medizin in Antike und Mittelalter – wurde bis ins 17. Jahrhundert angewandt. Hierdurch sollte das Gleichgewicht der Körpersäfte, das man bei einer Krankheit gestört glaubte, wiederhergestellt werden. Man dachte damals, »schlechtes« Blut, das sich in den Adern gestaut habe, verursache Krankheiten. Dabei war der Aderlass rückblickend betrachtet schon immer eher dafür geeignet, das Ableben des Patienten zu beschleunigen, anstatt ihn zu heilen. In der modernen Medizin wird der Aderlass nur in sehr seltenen Fällen und dann gezielt und kontrolliert eingesetzt, z. B. bei der Polyzythämie. Bei dieser Erkrankung sind die Blutzellen um ein Vielfaches in ihrer Zahl erhöht, was das Blut dickflüssiger und dadurch die Betroffenen anfällig für Thrombosen macht. Durch eine Blutentnahme von einem halben bis einem Liter werden die Fließeigenschaften des Blutes zumindest für eine gewisse Zeit verbessert.

Im Mittelalter war der Aderlass durch Ärzte und Bader dagegen eine gängige Praxis. Die Aderlassschüssel war noch lange das »Aushängeschild« am Laden der Frisöre, der früheren Bader.

Es wurden so viele verschiedene Krankheiten durch das scheinbare Allheilmittel des Aderlasses behandelt, dass man fast von einer Universaltherapie sprechen kann. Die für den Aderlass günstigen Tage und Stunden sowie die anzuzapfenden Stellen am Körper wurden nach astrologischen Kriterien wie beispielsweise den Sternkonstellationen festgelegt. Davon zeugen zahlreiche Darstellungen und medizinische Illustrationen.

Aus heutiger Sicht mutet es nicht allzu verwunderlich an, dass viele Patienten durch den Aderlass starben. Eines der prominentesten Beispiele ist der erste Präsident der Vereinigten Staaten. George Washington wurden von seinem Leibarzt Benjamin Rush zur Behandlung einer Kehlkopfinfektion mehr als anderthalb Liter Blut abgenommen. Dieser Blutverlust schwächte den ohnehin schwer angeschlagenen Präsidenten so sehr, dass er in den Folgestunden starb.

Von Seneca, Erzieher Neros und Philosoph im ersten Jahrhundert n. Chr., wissen wir, dass er den von Nero geforderten Suizid durch ein Öffnen der Pulsadern umsetzte. Als das Blut nicht richtig lief, setzte er sich in eine Badewanne mit warmem Wasser, um die Blutgerinnung zu verhindern.

Die Geschichte belegt: Der Aderlass kann sehr wohl den Tod eines Menschen herbeiführen. Doch Dieter Hemker hatte den Versuch nach dem mühseligen »Abzapfen« von zwei Litern Blut aufgegeben. Stattdessen verließ er bei offensichtlich vollem Bewusstsein seine Wohnung, fuhr mit dem Auto aus der Stadt, bereitete auf einer einsamen Landstraße die eigene Enthauptung vor und führte sie dann »erfolgreich« aus.

Das ist aus medizinischer Sicht allerdings fast ein Wunder. Der Grund: Ein erwachsener Mensch verfügt über etwa fünf bis sechs Liter Blut. Dabei verteilen sich 84 Prozent des zirkulierenden Blutvolumens im Körpergefäßsystem, also in den Venen und Arterien und deren Ästen, 9 Prozent auf das Lungengefäßsystem und 7 Prozent auf das Herz. Der Anteil des Blutes am Körpergewicht beträgt bei Erwachsenen ca. 6 bis 8 Prozent, bei Kindern ca. 8 bis 9 Prozent. Dabei ist ein Verlust von einem Drittel Blut, also ca. 1,7 Litern bei einem normalen Erwachsenen, bereits lebensgefährlich und führt nicht selten durch das geringe noch im Körper vorhandene zirkulierende Blutvolumen zu einem relevanten Sauerstoffmangel im Gehirn und dadurch zu Müdigkeit, starker körperlicher und geistiger

Schwäche und nicht selten zu Bewusstlosigkeit. Der Verlust von zwei Dritteln des zirkulierenden Blutvolumens, also 3,3 Litern, führt sicher zum Tod.

Bevor Hemker sich ans Steuer seines Autos setzte und die etwa 25 Kilometer Fahrstrecke bis zum Ort seines Suizides zurücklegte, hatte er mit einem Blutverlust von zwei Litern bereits die kritische Grenze überschritten und befand sich in einem Zustand äußerster Lebensgefahr. Doch er lebte noch, und er wollte sterben, koste es, was es wolle. Vielleicht hielt ihn dieser Gedanke, sterben zu wollen, bei Bewusstsein. Als er merkte, dass er sich durch das Abzapfen von Blut nicht töten konnte, dachte er sich eine neue Todesart aus, die man nicht anders als *todsicher* bezeichnen kann.

Die Kombination von Aderlass und Enthauptung machte den Suizid von Dieter Hemker zu einem außergewöhnlichen Fall. Gar nicht außergewöhnlich ist dagegen das Kombinieren von zwei Suizidmethoden. Jedem Rechtsmediziner begegnet in seinem Arbeitsalltag immer wieder mal ein sogenannter »kombinierter Suizid«.

Meine erste Sektion als verantwortlicher Obduzent führte ich an einer Neunzehnjährigen durch. Die junge Frau hatte zunächst blutverdünnende Medikamente ihres Vaters in sehr hoher Dosierung eingenommen und sich dann die Pulsadern mit einem scharfen Küchenmesser aufgeschnitten. Doch anstatt zum Tod zu führen, war die Blutung aus den Pulsaderschnittverletzungen immer wieder zum Stillstand gekommen.

Also fuhr die Frau mit dem Fahrstuhl in den neunten Stock eines Hochhauses und stürzte sich von dort aus in die Tiefe – und in den Tod.

Bei ihr wie bei Dieter Hemker war die Kombination zweier Suizidmethoden nicht beabsichtigt. Die zweite wurde erst eingesetzt, nachdem die erste sich als erfolglos erwiesen hatte. Daher sprechen wir in diesen Fällen von einem »ungeplanten kombinierten Suizid«.

Ein »geplanter kombinierter Suizid« war dagegen der Fall eines vierzigjährigen Mannes, den ich vor einigen Jahren zu untersuchen hatte. Der Mann war auf einer Autobahn mit Vollgas auf einen Brückenpfeiler zugerast und hatte sich während der Fahrt mit einer Pistole in den Kopf geschossen. Davon zeugten feinste Schmauch- und Blutspritzer an der rechten Hand des Verstorbenen. Die Obduktion ergab später, dass nicht die Kollision mit dem Brückenpfeiler, sondern der Kopfschuss den Mann getötet hatte. Als er mit seinem Auto gegen den Brückenpfeiler prallte, lebte er schon nicht mehr. Damit war auch zweifelsfrei geklärt, dass es sich nicht um einen Verkehrsunfall handelte. In seltenen Fällen ist es nämlich beabsichtigt, die Selbsttötung wie einen Unfall aussehen zu lassen, damit den Angehörigen die Auszahlung der Lebens- oder Unfallversicherung nicht entgeht. Daher wird in Zweifelsfällen die Rechtsmedizin auch zu dem Zweck hinzugezogen, eindeutig Suizid oder Unfall nachzuweisen, um so gegebenenfalls einen möglichen Versicherungsbetrug zu verhindern.

Weit häufiger ist der geplant kombinierte Suizid aber schlicht eine Methode, um auf Nummer sicher zu gehen. So auch bei einem an Hodenkrebs erkrankten Mann, der in die Elbe hinausschwamm und sich mit einer Gaspistole in den Hals schoss. Zwar war der Schuss an sich nicht tödlich, aber er verletzte den Mann so schwer, dass er im Wasser unterging und ertrank.

Manchmal frage ich mich, was diese Menschen in unserer Welt erreichen könnten, wenn sie diese unglaubliche Energie und Entschlossenheit, die hinter ihren verzweifelten Taten stecken und die notwendig sind, um diesen letzten Schritt überhaupt mit Erfolg durchführen zu können, in den Dienst des eigenen Lebens und in das anderer stellen würden.

Tatwaffe Feuer

Ich hatte schon seit einer Weile Feierabend an diesem eisigen Winterabend im Dezember und schaute mir zu Hause einen Film im Fernsehen an, als mich die Kriminalpolizei anrief und mich bat, in eine ausgebrannte Wohnung zu kommen.

Von anderen Einsätzen kannte ich das Viertel, in dem das Mehrfamilienhaus lag: Die Ansammlung heruntergekommener Wohnblocks war ein Umschlagplatz für Drogen, an dem es häufig zu Gewalttätigkeiten kam, nicht selten zwischen rivalisierenden Banden. Als ich 40 Minuten später am Tatort eintraf, hatte die Feuerwehr gerade die Löscharbeiten beendet.

»Eine Brandleiche, Geschlecht unklar, höchstwahrscheinlich im Bett verbrannt«, sagte mir der zuständige Ermittler und erklärte in knappen Worten, was geschehen war: Das Ehepaar im Nachbarhaus hatte in der Erdgeschosswohnung der Gartenstraße 75 einen ohrenbetäubenden Knall, wie von einer Explosion, und dann laute Hilfeschreie gehört. Bald danach hatte es nach Rauch gerochen. Beide waren sofort nach draußen gerannt, wo sie dann den Brand gesehen und gleich Feuerwehr und Polizei verständigt hatten.

»Als die Feuerwehr mit den Löscharbeiten fertig war, haben sie die Brandleiche in den Resten des Bettes entdeckt«, berichtete der Beamte von der Mordkommission. »Vollkommen verkohlt. Der muss schon tot gewesen sein, als die Feuerwehr hier angerückt ist.«

Wir gingen in die vom Feuer fast völlig verwüstete Wohnung, ein Einzimmerapartment. Der Verstorbene lag in Wasser und Löschschaum und in einem Haufen von Brandschutt, wahrscheinlich die Überbleibsel von dem, was einmal ein Sofa gewesen war. Statistisch gesehen war hier ein Unfall am wahrscheinlichsten. Etwa 90 Prozent aller Brandtodesfälle sind Folge von Unfällen, Suizide machen 5 bis 8 Prozent aus. Weitere 2 bis 5 Prozent der Verbrannten sind Opfer von Brandstiftung. Die Brandstiftung mit Tötungsabsicht, die in Ermittler- und Rechtsmedizinerkreisen als »Mordbrand« bezeichnet wird, bildet die absolute Ausnahme.

Wenn Menschen durch ein Feuer getötet werden, ruft die Feuerwehr in jedem Fall die Polizei hinzu. Die Polizeibeamten entscheiden dann, ob es sich um einen »Leichenfundort« oder einen »Tatort« handelt. Handelt es sich um einen möglichen Tatort, wird der Brand zur »K-Sache«, zum Fall für die Kriminalpolizei.

In diesem Fall hatten die Polizisten vor Ort den Leichnam beschlagnahmt und noch vom Brandort aus die Staatsanwaltschaft verständigt, damit diese sich mit dem Fall befassen und die Obduktion des Toten anordnen konnte.

Während nun Spurensicherung, Kripo und Brandermittler des Landeskriminalamtes (LKA) die Wohnung untersuchten, befragten Kriminalbeamte die Nachbarn. Sie erfuhren, dass der Mieter des Einzimmerappartements ein gewisser Hendrik Wilkens war, laut einhelliger Zeugenaussage ein alkoholkranker und verhaltensgestörter Mann Mitte dreißig, der schon öfter in stationärer psychiatrischer Behandlung gewesen war. Er habe Stimmen gehört, behauptete eine Nachbarin.

Gleich mehrere Hausbewohner erwähnten, dass Wilkens häufig von seinem Fenster aus Passanten auf der Straße angepöbelt und obszöne Gesten gemacht habe. Außerdem sei die Wohnung vollkommen verwahrlost gewesen. Wegen des Gestanks, der seit geraumer Zeit der Wohnung entströmt war, hatten einige Nachbarn ihre Balkontüren nicht mehr geöffnet.

Wilkens hatte nach Aussage der Zeugen mit Vorliebe nachts laute Musik gehört und im Treppenhaus und auf der Rasenfläche vor seiner Wohnung herumgeschrien. Oft sei er schon am Nachmittag derart betrunken gewesen, dass er auf seinem Sofa im Wohnzimmer bis zum Nachmittag des Folgetages geschlafen und sich dann häufig unter so fürchterlichem Geheul aus dem Schlaf aufgerappelt habe, dass man das Geschrei im ganzen Viertel hören konnte. Eine Hausbewohnerin erzählte von einer unheimlichen Begegnung in der Nacht. Einmal sei sie spät nach Hause gekommen und habe schon vor dem Haus die Musik aus Wilkens' Wohnung gehört. »Sein Wohnzimmerfenster stand offen, und da sah ich Wilkens, wie er im Zimmer regelrecht Luftsprünge gemacht und dabei krakeelt hat: ›Ich werde euch alle töten. Alle, die gegen mich sind!‹«

Auch die Wohnungsbaugesellschaft, die die Wohnblocks in der Gartenstraße vermietete, war mit Hendrik Wilkens schon lange über Kreuz. Er habe niemals pünktlich seine Miete gezahlt und die Wohnung derart verkommen lassen, dass man sie umfassend hätte renovieren müssen, um sie späteren Mietern zumuten zu können. Der Vermieter habe dann beim Gesundheits- und Umweltamt Beschwerde eingereicht und durchgesetzt, dass Hendrik Wilkens künftig von einem Sozialarbeiter betreut wurde. Nur war dieser meist nur am Tage vor Ort, während Wilkens vorzugsweise nachts randalierte.

Während die Ermittler Brandschuttproben aus der Wohnung entnahmen und in kleinen Plastikbehältern in Asservatenkoffern verschwinden ließen, um sie später auf Brandbeschleuniger zu untersuchen, ging ich die möglichen Szenarien durch.

Im Durchschnitt werden pro Woche drei bis vier Brandleichen in unser Institut gebracht. Und bis zu diesem Tag lag, abgesehen von wenigen Suiziden, immer ein Unfall zugrunde. Was besonders häufig vorkommt: Jemand schläft mit der brennenden Zigarette in der Hand ein und steckt so die Wohnung in Brand. Meist ist übermäßiger Alkoholkonsum dafür verantwortlich, dass er oder sie nicht rechtzeitig aufwacht, um sich noch in Sicherheit zu bringen.

Deutlich seltener sind explosive Gefahrenstoffe im Spiel, und wenn, dann meist in beruflicher Umgebung und mit verheerenden Folgen. Jeder erinnert sich wahrscheinlich an das Unglück in einer Feuerwerkfabrik im niederländischen Enschede, bei dem im Mai 2000 der Sprengstoff von rund 100 Tonnen Feuerwerkskörpern mitten in einem dichtbesiedelten Wohnviertel explodierte. 23 Menschen starben und weitere 947 wurden zum Teil schwer verletzt.

Auch eine defekte Gastherme kann eine Explosion auslösen. Oder hatte hier jemand mit brennbaren Flüssigkeiten hantiert? Ich musste an einen Sportreporter mit einem albernen Spitznamen denken, der es sich vor einigen Jahren einmal im Bett seines Hotelzimmers mit einer Flasche Stroh-Rum und einer Zigarette bequem gemacht hatte. Dann hatte er versehentlich die brennende Zigarette in die Rumflasche fallen lassen, und es war zu einer gewaltigen Stichflamme gekommen, die seine rechte Körperhälfte schwer verbrannt hatte.

Durch Chaträume und Mystery-Serien spukt auch immer mal wieder die zweifelhafte Theorie, dass ein menschlicher Körper ohne Außeneinwirkung oder einen sonstigen erkennbaren Grund von einem auf den anderen Moment verbrennen kann. Ich selbst hatte jedoch noch mit keinem Fall von *Spontaner Selbstentzündung* (im Angloamerikanischen *»Spontaneous Human Combustion«*) zu tun, ebenso wenig wie mit Vampiren.

Also würde ich mich bei der Obduktion neben der Identifizierung des Toten auf die übliche Frage in solchen Fällen konzentrieren: Unfall, Suizid oder Mord?

Bevor ich den Tatort verließ, gab uns der Leiter der Brandermittler vom LKA einen knappen Bericht: Brandherd Nummer eins war das Wohn- und Schlafzimmer von Wilkens' Einzimmerappartement gewesen. Jedoch hatte die Spurensuche noch einen zweiten Brandherd in der Küche gefunden, die anders als das Schlafzimmer nur zum Teil von den Flammen vernichtet worden war. Aber das Wichtigste: In der Küche lagen die angeschmorten Reste eines Fünf-Liter-Kanisters sowie eine Einwegspritze mit klarer, leicht gelblicher Flüssigkeit – dem Geruch nach zu urteilen: Benzin.

»Einwegspritze und Benzinkanister«, sagte der Mann vom LKA, »das kann schon mal kein Unfall gewesen sein. Vermute, da ist nachgeholfen worden. Genaueres wissen wir nach unseren Laboruntersuchungen.«

Damit blieben nur noch Suizid oder Mord übrig.

Noch in derselben Nacht obduzierten wir die in Hendrik Wilkens' Wohnung gefundene Brandleiche. Die unklaren Umstände und besonders der zweite Brandherd in der Küche deuteten darauf hin, dass hier womöglich ein Gewaltverbrechen begangen worden war. Und der Tote war nicht identifiziert. Daher hatte die Staatsanwaltschaft nach kurzer Prüfung des Falls die Obduktion angeordnet. Zum einen ging es wie gesagt um die Identität des Toten. Zum anderen mussten wir nach Hinweisen zum Tathergang suchen. Dabei ging es um zwei Fragen:

1. Frage: *Weist das Opfer Spuren auf, die verraten, dass es vor Ausbruch des Brandes getötet worden ist?*

Also hielten wir Ausschau nach Verletzungen am Körper des Toten, die nicht Folge des Feuers sein konnten und somit vor Ausbruch des Feuers entstanden sein mussten: Blutungen der Halsweichteile als Folge eines Angriffes gegen den Hals (Würge- und Drosselmale) oder Abwehrverletzungen an den Streckseiten der Unterarme, die dann entstehen, wenn ein Mensch schützend seine Arme vor Kopf und Gesicht hält, z. B. um Faustschläge abzuwehren.

Würden wir solche Spuren von Gewaltanwendung

finden, hätten wir es aller Wahrscheinlichkeit nach mit einem Tötungsdelikt, vielleicht mit »Brandmord«, zu tun.

Brandmord heißt, dass der Mörder im Anschluss an die Tötungshandlung die Leiche seines Opfers anzündet. Dahinter steckt die Hoffnung, dass das Feuer nicht nur das Opfer unkenntlich macht, sondern auch die eigentliche Todesursache verschleiert. Was allerdings kaum jemand weiß, ist, dass der Rechtsmediziner auch bei einer stark verbrannten Leiche immer noch den Zahnstatus feststellen oder eine DNA-Analyse durchführen kann. Diese Beweise werden erst dann vernichtet, wenn das Opfer mindestens ein bis anderthalb Stunden einer Temperatur von 800 °C oder mehr ausgesetzt ist und nichts weiter als ein Häufchen Asche von dem übrig bleibt, was vorher mal ein Mensch war.

2. Frage: *Hat das Opfer zum Zeitpunkt des Brandes noch gelebt?*

Bei eindeutigen Hinweisen auf ein Tötungsdelikt vor der Explosion würden wir keine Vitalitätszeichen finden. War der Mann aber zum Zeitpunkt des Brandausbruchs noch am Leben gewesen, musste er Ruß eingeatmet haben. In dem Fall würden wir also in Luftröhre und Bronchien auf Rußpartikel stoßen. Die wären dann ein eindeutiger Beweis, dass der Mann durch das Feuer gestorben war. Der Umkehrschluss funktioniert allerdings nicht. Der Grund dafür: Wird sehr viel Brandbeschleuniger eingesetzt, kann die Heftigkeit der Explosion dazu führen, dass der Betroffene derartig schnell vom Feuer getötet wird, dass er keinen Ruß mehr einatmet oder verschluckt. Der Rechtsmediziner findet in diesem Fall nur leichte Rußablagerungen im oberen Kehlkopf, aber nicht in den tieferen Abschnitten der Luftröhre oder in den Bronchien.

Entsprechend der rechtsmedizinischen Routine begannen wir zunächst mit der äußeren Leichenschau:

Gesicht und Körper des Toten waren vollständig verkohlt, die Haut war aufgeplatzt, und rötliches Fleisch schimmerte unter der schwarzen Oberfläche hervor.

Fast wie Lava in einem Vulkan, dachte ich. Manchmal kommen mir solche Bilder in den Kopf, wenn ich einen Toten obduziere. Das hat nichts mit mangelndem Respekt vor dem Toten zu tun. Ich denke, es ist eher wie bei jemandem, der lange im Zug sitzt und in den am Fenster vorüberziehenden Wolken Tiergestalt oder Gesichter sieht. Vermutlich helfen mir solche Assoziationen auch dabei, den nötigen Abstand zu wahren und meine Arbeit sachlich zu erledigen.

Der Leichnam lag leicht zusammengekrümmt auf dem Seziertisch. Bei dieser Haltung sprechen wir Rechtsmediziner von der »Fechterstellung« oder »Boxerstellung«. Arme und Beine – bzw. das, was hier noch davon übrig war – waren angewinkelt, der Rücken gebeugt. Durch extreme Hitze schrumpfen die im Vergleich zu den Streckmuskeln weitaus kräftiger ausgebildeten Beugemuskeln in Armen und Beinen, so dass Brandleichen grundsätzlich eine kauernde und in den Extremitäten angewinkelte Haltung annehmen – ähnlich wie ein Fechter oder ein Boxer, der sich auf einen Angriff vorbereitet.

In der Haut neben den Augenlidern, kurz unterhalb beider Schläfen, hoben sich zarte weiße Streifen von dem ansonsten schwarz verkohlten Gesicht ab. Diese speziellen »Krähenfüße« können dafür sprechen, dass das Opfer bei Ausbruch des Feuers noch gelebt hat – es hat reflexartig die Augen zusammengekniffen, als das flammende Inferno losbrach.

Unter den interessierten Blicken der anwesenden Medizinstudenten und Kripoleute begannen wir dann die innere Leichenschau. Der Sektionsassistent öffnete Brust- und Bauchhöhle, während der zweite anwesende Arzt damit begann, die Kopfhaut herunterzuziehen und die Schädeldecke zu öffnen, um das Gehirn zu entnehmen.

Äußerlich ließ sich das Geschlecht des Leichnams nicht mehr feststellen. Dazu war die gesamte Körperoberfläche zu stark verbrannt und verkohlt, was bei Brandleichen häufig der Fall ist. Brüste oder Penis und Hodensack waren quasi ein Raub der Flammen geworden. Als aber die Bauchhöhle geöffnet war und wir freien Blick auf die Organe im Becken hatten, stand fest, dass es sich bei der Brandleiche um einen Mann handelte: Tief im Becken, unterhalb des Schambeins, kam die Vorsteherdrüse, die Prostata, zum Vorschein. Damit stand zwar das Geschlecht des Toten fest, identifiziert war er damit aber noch nicht.

Der Assistent reichte mir Lunge, Bronchien und Luftröhre auf den Organtisch. Für den Laien ist es oft schwer, in den realen Organen die Struktur zu erkennen, wie man sie aus Medizin- und Anatomiebüchern kennt. Sind die Organe jedoch vom Blut gereinigt, sehen sie nicht viel anders aus als die Abbildungen in den Büchern. Vorausgesetzt natürlich, sie sind noch intakt und der Leichnam ist nicht zu stark fäulnisverändert.

Ich schnitt Luftröhre und Bronchien auf dem Organtisch mit einer Schere auf und sah sofort die schlierenartigen Ablagerungen auf der inneren Schleimhaut, bei denen es sich um die bewussten Rußpartikel handelte.

Zum Zerschneiden der Organe benutzen wir häufiger eine Schere statt eines Messers, weil Luftröhre und Bronchien, viele Gefäße oder Hohlorgane wie Magen, Blase oder Gallenblase mit einem Messer nicht sauber geöffnet werden können. Zudem schneidet man sich mit einer Schere nicht so leicht, denn wegen der Infektionsgefahr sind in der Rechtsmedizin alle sehr darauf bedacht, sich beim Sezieren nicht zu verletzen. Einige Kollegen tragen als zusätzlichen Schutz Teflon-Handschuhe unter ihren Gummihandschuhen.

Als Nächstes legte mir der Sektionsassistent den Magen samt Speiseröhre auf den Organtisch. Die Speiseröhre ist in etwa so dick wie der Zeigefinger eines Menschen und damit sehr viel dünner, als man sich wohl gemeinhin vorstellt. Ich öffnete Magen und Speiseröhre und entdeckte auch hier dieselben Rußablagerungen. Der Tote hatte diese Partikel also eingeatmet und auch verschluckt – er musste zum Zeitpunkt des Brandausbruchs noch am Leben gewesen sein. Auch eine hohe Konzentration von Kohlenmonoxid im Blut ist ein Beleg dafür, dass das Todesopfer zum Zeitpunkt des Feuers noch am Leben war. Das Kohlenmonoxid wird mit dem Rauch des Feuers eingeatmet und gelangt über Luftröhre und Bronchien in die Lungen und von dort aus ins Blut. Am besten kann man den Gehalt dieses Gases im Herzblut feststellen.

Um Herzblut für die toxikologische Untersuchung zu gewinnen, schneiden wir mit einer Schere den Herzbeutel, der das Herz umschließt, auf und heben das Herz an der Spitze aus dem Herzbeutel heraus. Dann werden die großen Gefäße, die zum Herzen hin- bzw. davon wegführen, mit einem Messer eingeschnitten und das aus dem kopfüber gehaltenen Herzen herauslaufende Blut in einer Schöpfkelle aufgefangen – einem Instrument, das einer Suppenkelle vergleichbar ist.

Nur selten nehmen wir zum Aufschneiden der Leiche und zum Entnehmen der Organe wie dem Herzen Einweg-Skalpelle. Die Messer, die wir benutzen, haben robuste längliche Klingen mit Kunststoffgriff, nicht unähnlich denen, die auch in Metzgereien verwendet werden. Diese Messer werden regelmäßig geschliffen und ausgetauscht. Auch bei uns gilt: Mit einem stumpfen Messer ist die Verletzungsgefahr deutlich größer als mit einem scharfen.

Im Labor stellten die Kollegen später einen Kohlenmonoxidgehalt von fast 60 Prozent in Wilkens' Herzblut fest. Auch das war ein klares Indiz dafür, dass er zum Zeitpunkt des Brandes noch gelebt hatte und sehr wahrscheinlich durch das Feuer ums Leben gekommen war. Damit war ein Brandmord also eindeutig ausgeschlossen.

Das hieß für die Ermittler: Entweder hatte der Tote selbst das Feuer gelegt, oder es war Brandstiftung. Doch wozu setzt jemand eine verwahrloste Wohnung ohne jegliche Wertgegenstände in Brand? Die naheliegende Vermutung: Um den Bewohner zu töten. Damit hätten wir es mit etwas zu tun, was äußerst selten vorkommt: mit einem sogenannten Mordbrand. Hierbei ist das Feuer sozusagen die Tatwaffe.

Für die Identifizierung entnahmen wir auch in diesem Fall während der Obduktion Ober- und Unterkiefer des Toten. Da das Gebiss des Toten völlig verkohlt war, mussten die Kiefer vor der Befunderhebung und Archivierung sorgfältig mit einer Zahnbürste gereinigt werden, um eventuell vorhandene Plomben, Kronen und Brücken für den späteren Abgleich mit einem Zahnschema überhaupt erst freizulegen.

Die Zähne des Toten passten zwar zu Hendrik Wilkens' verwahrlostem Zustand, den die Zeugen beschrieben hatten: Fast alle Zähne waren vollkommen kariös und verfault. Das erschien aber für eine spätere Identifizierung mittels eines Zahnschemas von Hendrik Wilkens eher von zweifelhaftem Wert.

Für die Identifizierung eines unbekannten Toten wird bei der Obduktion routinemäßig eine Blutprobe für eine DNA-Analyse asserviert. Dafür schneidet der Sektionsassistent entweder die Schenkelvene oder etwas höher die Beckenvene auf. Das Blut befindet sich auch bei Leichen noch in den Gefäßen. Da das Blut durch den Stillstand des Herzens nicht mehr weitertransportiert wird, sind die Gefäße bei Toten meist noch gut mit Blut gefüllt – es sei denn, der Betreffende ist verblutet oder litt vor seinem Tod an einer Anämie, einer Blutarmut. Durch Druck auf den Oberschenkel, den man vom Knie bis zur Hüfte aufbaut, kann man die Vene sozusagen »auspressen« und mit einer Schöpfkelle Blut für spätere DNA-Analysen oder auch toxikologische Untersuchungen entnehmen. Das Blut für die DNA-Untersuchung wird auf ein Leinenläppchen gegeben, luftgetrocknet und dann in einem sterilen Gefäß aufbewahrt, bis es später im DNA-Labor analysiert wird. Blut für DNA-Untersuchungen bewahren wir niemals in flüssiger Form in Spritzen oder Glasröhrchen auf, da dann die im Blut enthaltenen Proteine verfaulen würden und wir keine Analysen mehr damit durchführen könnten.

Weitere Blutuntersuchungen in unserem Fall ergaben eine Blutalkoholkonzentration von 1,5 Promille sowie Anteile von Diazepam und Nordazepam, beides Wirkstoffe, die in Beruhigungs- und Schlafmitteln wie z. B. Valium enthalten sind. Der Tote war also alkoholisiert gewesen und hatte zum Zeitpunkt seines Todes unter dem Einfluss von starken Beruhigungsmitteln gestanden. Daher war es durchaus möglich, dass sich ein Fremder Zutritt zur Wohnung verschafft und, während Wilkens schlief, das Feuer gelegt hatte und Wilkens erst aufgewacht war, als die Wohnung bereits gebrannt hatte.

Die weitere Untersuchung der Lunge erbrachte entscheidende Erkenntnisse. Ich hatte mehrere kleine Stückchen Gewebe aus der Lunge herausgeschnitten und sie in ein dafür vorgesehenes Glasröhrchen für den Gaschromatographen gelegt. Diese Untersuchung zeigte uns, dass Benzin als Brandbeschleuniger eingesetzt worden war, sie bestätigte also, was wir kurz zuvor telefonisch vom LKA, Abteilung Physik und Elektrotechnik, erfahren hatten. Dort hatte man in den Brandschuttproben aus der Wohnung sowie im Kanister und der Einwegspritze Benzin als Brandbeschleuniger identifizieren können. Ferner hatte die Untersuchung des Brandortes ergeben, dass es, wie von den Zeugen gehört, zu einer Explosion gekommen war, die dann zu dem Wohnungsbrand geführt hatte.

Als wir mit der Obduktion fertig waren, stand fest, dass der Tote keine Verletzungen hatte, die nicht mit dem Feuer zu vereinbaren waren, oder anders ausgedrückt: Es fanden sich keine Hinweise auf eine Gewalteinwirkung auf den Körper des Mannes zu Lebzeiten, abgesehen von den Folgen der Flammen. Der Mann war also durch das Feuer ums Leben gekommen.

Am nächsten Tag erhielten wir weitere Informationen von der Kripo. Wie befürchtet hatte kein Zahnarzt in ganz Norddeutschland Patientendaten von Hendrik Wilkens, offenbar war er niemals beim Zahnarzt gewesen. Und da in der fast komplett ausgebrannten Wohnung keine DNA-Spurenträger (z. B. eine Zahnbürste oder ein Rasierer) von Wilkens mehr zu finden gewesen waren, die einen DNA-Vergleich mit der bei der Obduktion des Toten gewonnenen Blutprobe ermöglicht hätten, blieb den Kollegen von der Kripo nichts anderes übrig, als die Eltern von Hendrik Wilkens aufzusuchen und ihnen von einem Arzt eine Blutprobe für eine DNA-Analyse entnehmen zu lassen. Ziel war es, zu widerlegen oder zweifelsfrei nachzuweisen, dass es sich bei der männlichen Brandleiche tatsächlich um Hendrik Wilkens handelte. Als die Beamten sie antrafen, waren Wilkens' Eltern in einem Zustand von Bangen und Hoffen. Obwohl sie seit geraumer Zeit keinen

Kontakt mehr zu ihrem Sohn gehabt hatten, wollten sie natürlich wissen, ob der Tote aus dem Einzimmerappartement in der Gartenstraße wirklich ihr Sohn war – oder ob er doch noch am Leben war, irgendwo anders, vielleicht untergetaucht. Doch einige Tage später hatten wir das Ergebnis in unserem Labor. Die DNA-Probe der Eltern war ausgewertet worden und bestätigte, dass der Tote ihr Sohn war.

Der Kripo war es bald gelungen, mit dem Sozialarbeiter von Wilkens zu sprechen. »Er war schizophren, hat behauptet, Stimmen würden ihn auffordern, Dinge zu tun«, hatte der ausgesagt. Er hätte sich bereits öfter in psychiatrische Behandlung begeben und sei kurz davor gewesen, in der Geschlossenen zu landen. Die Kollegen aus der Psychiatrie hätten ihm Valium verschrieben, damit habe er wenigstens schlafen können. Mehrfach habe der Sozialarbeiter Wilkens dabei helfen müssen, durch das Küchenfenster in seine eigene Wohnung zu gelangen, da Wilkens im Alkoholrausch seinen einzigen Wohnungsschlüssel verloren hatte. Seit einiger Zeit hätte Wilkens die Wohnung nur noch durch das eingeschlagene Küchenfenster betreten und verlassen.

Was die hygienische Situation der Wohnung anbelangte, pflichtete der Sozialarbeiter den Nachbarn bei. Zu Beginn habe er noch versucht, Wilkens zu überzeugen, die Wohnung doch einmal gründlich sauberzumachen, doch irgendwann habe er es aufgegeben. Einer Putzfrau hätte man die Reinigung jedenfalls nicht mehr zumuten können. Die ganze Wohnung sei voll gewesen mit Abfall. Pizzakartons, leere Konservendosen, Essensreste, Kleidung und Unterwäsche bedeckten den gesamten Fußboden. Nur die stockfleckige, schimmelige Couch, die an der Wand gegenüber dem Fenster stand und auf der Wilkens häufig den ganzen Tag liegend und Schnaps trinkend vor dem mit voller Lautstärke laufenden Fernseher zubrachte, hätte sich aus diesem Meer von Unrat erhoben. Dusche und Toilette hätten nicht besser ausgesehen. Erstere sei so verkalkt gewesen, dass man davon ausgehen musste, dass sie schon seit Jahren nicht mehr benutzt worden war. Die Toilette sei zwar benutzt, aber wohl ebenso lange nicht mehr gespült worden. Die gesamte Wohnung sei von einem bestialischen Gestank erfüllt gewesen. Dass die Nachbarn ihre Balkontüren nicht mehr öffnen mochten, sei da kein Wunder gewesen, so der Sozialarbeiter.

Wenige Tage nach der Obduktion hatte die Kripo den Fall schließlich gelöst. Es war tatsächlich Mordbrand gewesen. Doch die Tatumstände hörten sich so unwahrscheinlich an, als hätte ein Thriller-Autor es mit der Glaubwürdigkeit nicht so genau genommen: Hendrik Wilkens' Mörder war ein ebenfalls psychisch kranker Mann, der Tür an Tür mit ihm gelebt hatte. In der Nachbarschaft nannte man ihn schon seit langem »den Guru«, da er ständig behauptete, mit überirdischen Mächten in Kontakt zu stehen.

Der Kripobeamte, der bei der Durchsuchung der Wohnung des später überführten und verurteilten Täters zugegen gewesen war, beschrieb mir später eindrücklich deren Einrichtung. Die Wände waren über und über mit Talismanen und Pentagrammen übersät, die Fensterscheiben zugehängt. Altäre mit Vogelskeletten säumten die vergilbten Wände, dunkle Tücher mit

Spinnennetzen hingen von der Decke, und auf seltsamen, improvisiert zusammengeschusterten Steinaltären standen schwarze Kerzen. Zu den wenigen Einrichtungsgegenständen im Wohnzimmer gehörte ein schwarzer Sarg.

Nachdem sich der Bewohner dieser Räume zunächst in Widersprüche verstrickt hatte, gestand er schließlich, Hendrik Wilkens im Schlaf angezündet zu haben. Der Grund sei gewesen, dass Wilkens ständig im Treppenhaus und auf der Terrasse der Wohnung randaliert und ihn dadurch in seiner Meditation und Kontaktaufnahme mit den Geistern gestört habe. Also war er in besagter Nacht mit dem Benzinkanister und der Spritze durch das Küchenfenster geklettert und hatte das Benzin erst über den auf der Schlafcouch liegenden Wilkens und dann im gesamten Raum verteilt und schließlich mit dem Benzin in der Spritze eine »Lunte« zur Küche gelegt. Kurz nach dem Anzünden der Benzinlunte stand die Wohnung in Flammen. Überrascht von der Heftigkeit der Explosion und von Wilkens' gellenden Hilfeschreien ließ er seine Utensilien am Tatort zurück und versteckte sich im Keller der Wohnanlage, wo er wenig später auch von einem der Nachbarn gesehen worden war. Dieser Nachbar hatte die Polizei in seiner Zeugenaussage schließlich auf die Spur des »Gurus« geführt.

Das spätere psychiatrische Gutachten des »Gurus« Rudolph Keil ergab eine schwere paranoid-halluzinatorische Psychose aus dem schizophrenen Formenkreis mit dadurch bedingter Schuldunfähigkeit. Er wurde zu lebenslanger Haft mit anschließender Sicherheitsverwahrung in einer geschlossenen psychiatrischen Anstalt verurteilt.

Zwei psychisch gestörte Menschen hatten lange Zeit Tür an Tür gewohnt, nicht betreut in einem Heim, sondern alleinverantwortlich in einem gewöhnlichen Mietshaus. Und nun würde keiner von ihnen mehr in seine Wohnung zurückkehren.

Der Mann, der vom Himmel fiel

Der Mann lag rücklings auf der Rasenfläche vor einem Gehweg in Berlin-Friedrichshain. Seine Arme lagen in den Schulter- und Ellenbogengelenken leicht angewinkelt neben dem Kopf. Seine Kleidung sah auffallend ordentlich aus, nicht wie nach einem Kampf oder sonstiger Gewalteinwirkung. Jacke, Pullover und T-Shirt waren nur ein kleines Stück über seinen Bauchnabel hochgerutscht und gaben den Blick auf die sehr blasse, aber unverletzte Haut oberhalb der Jeans frei. Kopf und Gesicht des Mannes waren dagegen blutüberströmt, und im Gesicht zeigten sich flächenhafte Hautschürfungen, die die Haut der gesamten Stirn, den Nasenrücken, den linken Nasenflügel und die linksseitige Jochbein- und Wangenregion in Mitleidenschaft gezogen hatten.

Ein Portemonnaie, Ausweispapiere oder sonstige persönliche Dokumente führte er nicht bei sich. Eine erste vorsichtige Drehung des Toten zeigte, dass Jacke und Hose mit Erde und einer angetrockneten rötlichen Flüssigkeit, sehr wahrscheinlich Blut, beschmutzt waren. Auf dem Rasen unter dem Toten fanden sich keinerlei Blutspuren.

»Als wäre er vom Himmel gefallen«, sagte einer der Ermittler zu mir, als ich am Ort des Geschehens eintraf.

Der Notarzt hatte nur noch den Tod des Mannes feststellen können und die Szenerie bereits wieder verlassen.

Der Leichenfundort wurde weiträumig mit »Flatterband« (so bezeichnet, weil es bei Tatorten im Freien wie hier so schön im Wind flattert) und Polizeiwagen abgesperrt, während sich eine Menge interessierter Passanten und erste Reporter einfanden. Ehe ich den Leichnam näher untersuchen konnte, machten sich die Kriminaltechniker von der Spurensicherung an ihre Arbeit und begannen mit der Sicherung von textilen Faserspuren.

Die kriminaltechnische Sicherstellung und anschließende Untersuchung von Faserspuren, auch als Textilspuren bezeichnet, kommt dann zum Einsatz, wenn es zum Beispiel darum geht, den Kontakt zwischen zwei Personen (beispielsweise einem Tatverdächtigen und dem Opfer eines Tötungsdeliktes) oder den Aufenthalt einer Person an einem Tatort nachzuweisen. Hierbei macht sich die Kriminaltechnik die Tatsache zunutze, dass jeder Mensch ständig kleinste Textilfasern aus seiner Umgebung, wie z. B. von Kleidungsstücken oder Möbelstoffen, aufnimmt, aber auch von der von ihm getragenen Kleidung an seine Umwelt abgibt. Solche Faserspuren werden ganz besonders bei engen und intensiven körperlichen Kontakten, wie z. B. einer Rangelei zwischen zwei Personen, übertragen. Faserspuren sind sogenannte Mikrospuren, also mit dem bloßen Auge nicht zu erkennen, können aber mit kriminaltechnischen Untersuchungsmethoden leicht gesichert und sichtbar gemacht werden.

Bei der Sicherstellung von Faserspuren durch die Beamten der Spurensicherung bei einem potentiellen Tötungsdelikt wird die Bekleidung des Toten Zentimeter für Zentimeter mit durchsichtigem Plastikklebeband abgetastet. Um nicht Textilfasern ihrer eigenen Bekleidung auf die zu untersuchende Kleidung zu übertragen, sind die Kriminaltechniker mit Ganzkörper-Overalls aus Kunststoffmaterial, Plastiküberschuhen und Gummihandschuhen bekleidet. Auf dem Spurensicherungsblatt wird detailliert vermerkt, von welcher Stelle des Kleidungsstückes die einzelnen Klebebänder, die jeweils mit Nummern versehen sind, stammen. Zusätzlich werden die auf die Bekleidung aufgebrachten Klebestreifen fotografiert. Bei der anschließenden Auswertung im Textilspurenlabor des Landeskriminalamtes kommen verschiedene mikroskopische Untersuchungstechniken zum Einsatz. Aus der Zusammensetzung, dem Zustand und Verteilungsbild von Faserspuren lassen sich oft wertvolle Hinweise zur Rekonstruktion eines Tatgeschehens gewinnen oder auch Tatverdächtige einem Tatort zuordnen. Faserspuren haben vor Gericht eine ähnlich hohe Beweiskraft wie Fingerabdrücke. Um das Faserspurenbild nicht zu verändern, sind die »Textiltechniker«, wie sie auch genannt werden, stets die Ersten, die einen Leichnam untersuchen, ehe Rechtsmediziner und andere Kriminaltechniker sich austoben können.

Als die Textiltechniker nach etwa 50 Minuten fertig waren, sahen wir uns den Toten genauer an. Außer den ausgedehnten Hautschürfungen im Gesicht, die mir schon beim ersten Blick auf den Mann aufgefallen waren, stellte ich fest, dass Ober- und Unterlid des linken Auges durch Hämatome dunkelblau-violett verfärbt waren. Der Mediziner spricht dabei von einem »Monokelhämatom«, da die Form der Verfärbung an ein altmodisches Monokel erinnert, den Vorläufer der Brille. Sind beide Augen von solchen Hämatomen, die üblicherweise Folge von massiver stumpfer Gewalteinwirkung sind, betroffen, sprechen wir von einem »Brillenhämatom«. Die Innenseite der Augenlider war auf der linken Seite dickschichtig unterblutet, auf der rechten Seite dagegen nicht; die Gewalteinwirkung, die den Mann wahrscheinlich getötet hatte, musste also primär seine linke Körperseite getroffen haben.

In den Unterlidern beider Augen entdeckten wir Fliegeneier. Die Existenz von Fliegeneiern in den Augen, den Nasenlöchern oder im Mund kann den Laien schnell dazu verleiten, zu glauben, dass die Person schon seit mehreren Tagen tot ist. Doch tatsächlich legen gerade im Sommer bereits wenige Stunden nach dem Tod eines Menschen Fliegen ihre Eier in Augenlider, Nasenlöcher und Mund ab.

Aber es gab noch andere Zeichen einer massiven stumpfen äußeren Gewalteinwirkung gegen das Gesicht des Mannes: Ober- und Unterkiefer waren unnatürlich (wir sprechen auch von »widernatürlich«) beweglich. Es fühlte sich beim Abtasten des Mittelgesichtes und Kinns des Toten so an, als hätte er dort unter der Haut zusätzliche Gummischarniere im Gesicht. Die Unterlippenschleimhaut war im Bereich ihrer Umschlagsfalte zum Zahnfleisch hin gequetscht und stark eingeblutet, in dem Blut in der Mundöffnung schwammen mehrere Zähne. Auch die Nase des Mannes war widernatürlich beweglich, was für eine Fraktur des knöchernen Nasenskeletts sprach. Das Gesicht des Mannes sah so aus, als sei es mit einem Vorschlaghammer bearbeitet worden. Die rechte Ohrmuschel war blutverschmiert, und beim Drehen des Leichnams sickerte Blut aus dem rechten Gehörgang. Letzteres ist immer ein Hinweis darauf, dass wir es mit einem Schädelbasisbruch zu tun haben.

Derart schwere Kopfverletzungen, wie sie schon die erste oberflächliche Untersuchung des Mannes zutage förderte, findet man normalerweise bei Menschen, die durch einen Sturz aus großer Höhe oder durch anderweitige sehr massive stumpfe äußere Gewalteinwirkung, wie z. B. einen Verkehrsunfall, zu Tode gekommen sind. Ein Tod mit natürlicher Ursache hingegen kam aufgrund der massiven Kopfverletzungen nicht in Betracht. Stirbt ein Mensch z. B. an einem Herzinfarkt und stürzt dann leblos zu Boden, kann er sich dabei zwar theoretisch auch Kopfverletzungen zuziehen, aber niemals so gravierende, wie wir sie hier sahen. Was uns allerdings auch sofort auffiel, war, dass der Tote auf der Rasenfläche mehr als zehn Meter vom nächsten mehrstöckigen Wohnhaus entfernt lag und sich unter dem Toten auf der Grünfläche keine Blutspuren befanden. Hier konnte er also unmöglich nach einem Sturz gelandet sein.

Möglicherweise war der Mann ja von einem der umliegenden Häuser gesprungen und dann von jemandem auf den Rasenstreifen gezerrt worden. Aber warum? Außerdem fanden sich auf den Gehwegen und in den Vorgärten der Häuser keine Blutspuren.

Was war also geschehen? War der Mann vielleicht als Fußgänger von einem sehr schnell fahrenden Auto erfasst und auf die etwa drei Meter entfernte Rasenfläche geschleudert worden? Doch die Straße endete wenige Meter hinter dem Fundort des Mannes an einer Mauer. Es war also technisch so gut wie unmöglich, einen Pkw beim Herausfahren aus der Sackgasse so stark zu beschleunigen, dass ein angefahrener Fußgänger mehrere Meter durch die Luft geschleudert würde. Ebenso wenig schien es möglich, dass ein Autofahrer mit Vollgas in die Sackgasse hineingefahren war, den Mann angefahren hatte und dann noch kurz vor der Mauer zum Stehen gekommen war.

Die Umgebung des Leichenfundortes wurde Zentimeter für Zentimeter von den Beamten der Spurensicherung unter die Lupe genommen. Bei sehr genauem Hinsehen zeigten sich auf der Grünfläche, auf der der Tote lag, wenige Zentimeter in das Erdreich und den Rasen eingegrabene parallele Rinnen. Der Abstand der beiden Rinnen entsprach dem Abstand zwischen den beiden Füßen des Toten in seiner Auffindeposition, ihre Breite der der Schuhabsätze des Toten. Außerdem waren die Absätze deutlich stärker mit Erde und Gras verschmutzt, als es bei bloßem Herumlaufen auf einer Rasenfläche der Fall gewesen wäre. Allem Anschein nach war der Tote von der Straße auf den Grünstreifen geschleift worden. Das erklärte auch, warum seine Oberkörperbekleidung etwas hochgeschoben und hinten beschmutzt war. Ob er zu diesem Zeitpunkt noch am Leben gewesen war, musste die Obduktion des Toten beantworten.

Ehe wir im Institut den Toten entkleideten und mit der äußeren Leichenschau begannen, überließen wir zunächst den Spurensicherern von der Daktyloskopie das Feld. Der Begriff Daktyloskopie kommt aus dem Griechischen (*daktylos* = Finger; *skopein* = schauen). Die Daktyloskopie beschäftigt sich mit dem Nachweis, der Sicherstellung und dem Vergleich von Fingerabdruckspuren (umgangssprachlich »Fingerabdrücke«). Jeder Krimileser weiß, dass Tatverdächtige aufgrund von Fingerabdrücken identifiziert werden können, die sie unbedachterweise am Tatort oder an der Tatwaffe hinterlassen haben. Genauso eignet sich die Daktyloskopie dazu, unbekannte Tote anhand ihrer Fingerabdrücke zu identifizieren.

Jeder Mensch hat an den Finger- und Handinnenflächen kleinste Leisten aus Haut (Papillarleisten), die sich schon bei genauerer Betrachtung mit dem bloßen Auge und besonders gut unter einer Lupe als reliefartige Hautleisten darstellen. Die Kriminalisten profitieren davon, dass Beschaffenheit, Anordnung und Verlauf der Papillarleisten eines jeden Menschen einmalig sind. Sie verändern sich von der Geburt eines Menschen an das ganze Leben lang nicht mehr. Mittlerweile können mit der sogenannten Livescan-Technik Fingerabdrücke auch digital, ohne Verwendung von Druckerschwärze, aufgenommen und automatisch in eine digitale Datenbank übertragen und mit hier bereits gespeicherten Fingerabdrücken verglichen werden. Das ist auch das Prinzip der neuen deutschen biometrischen Reisepässe – eine Erfassung, Auswertung und Zuordnung unserer Fingerabdrücke zu unserer Person wird elektronisch innerhalb von Sekunden möglich. George Orwell lässt grüßen …

Als die »Daktys«, wie einige Kollegen sie liebevoll nennen, abgerückt waren, um in ihrer Dienststelle die Fingerabdrücke unseres Toten mit denen in der Datei der Landeskriminalämter und des Bundeskriminalamtes zu vergleichen, begannen wir mit unseren Untersuchungen.

Der Mann war 180 Zentimeter groß und 75 Kilogramm schwer. An den rückwärtigen Körperpartien stellten wir nur sehr gering ausgeprägte, nicht mehr wegdrückbare, hellviolette Leichenflecken fest. Nur gering bzw. spärlich vorhandene Leichenflecken sind ein Hinweis auf einen lebensbedrohlichen Blutverlust des Betreffenden vor seinem Tod. Die Totenstarre des Verstorbenen war in allen großen und kleinen Gelenken kräftig ausgeprägt, Leichenfäulnis hatte hingegen noch nicht eingesetzt. Der Mann konnte also bei vorsichtiger erster Schätzung noch nicht viel länger als einen bis allerhöchstens zwei Tage tot sein. Der Abgleich der Rektaltemperatur des Toten mit der Umgebungstemperatur am Leichenfundort hatte uns, was die nähere Eingrenzung der Todeszeit des Mannes anbelangte, nicht weitergeholfen. Beide waren mit 13,4 Grad Celsius gemessen worden, was bedeutete, dass die Körperkerntemperatur des Mannes bereits der Umgebungstemperatur entsprach. Ohne existierende Differenz zwischen den beiden Parametern *Körperkerntemperatur* und *Umgebungstemperatur* können diese uns natürlich nichts zur Leichenliegezeit verraten.

Auffällig war, dass der Mann keine Augenbrauen hatte, sie waren offensichtlich erst vor kurzem abrasiert worden. Da die Identifizierung des Toten dadurch in keiner Weise erschwert wird, glaubten wir nicht, dass ein möglicher Täter sie abrasiert hatte. Das hatte der Mann wohl eher selbst getan. Abrasierte Augenbrauen finden sich in statistisch relevanter Häufigkeit bei Menschen, die an psychischen Auffälligkeiten leiden. Hieß das vielleicht, dass der Mann gar nicht getötet worden war, sondern sich selbst das Leben genommen hatte?

Die Hände des Mannes waren sehr kräftig und die Fingerkuppen stark verhornt. Offenbar hatte der Mann körperlich viel gearbeitet, vielleicht in der Landwirtschaft oder auf einer Baustelle.

Auffälliger und bedeutsamer als die starke Hornhaut an seinen Händen waren jedoch zwei Hautblasen an der Innenfläche der linken Hand (3 x 4 und 2 x 3 Zentimeter groß), die sich im Bereich von Daumenballen und Kleinfingerballen gegenüberlagen. Beide Hautblasen hatten einen geröteten Wundgrund. Bei einer der Blasen lag dieser frei, da die Haut darüber geplatzt war. Bei der anderen war die Haut noch intakt, wenn auch prall gespannt. Mit einer feinen Kanüle zogen wir etwas Flüssigkeit aus der intakten Hautblase in eine Spritze. Die Flüssigkeit war klar und gelblich, sie würde später im Labor analysiert werden, denn ihr Entzündungszellgehalt und ihr Eiweißanteil konnten uns etwas über die Vitalität der Hautblase sagen. So können wir gegebenenfalls ausschließen, dass es sich bei einer Hautblase nur um ein postmortales Artefakt handelt, z.B. um eine mit Fäulnisflüssigkeit gefüllte Blase.

Nachdem wir die Blasenflüssigkeit asserviert hatten, schnitt ich mit dem Skalpell aus beiden Hautblasen an der Innenfläche der linken Hand kleine Gewebeproben heraus und legte sie in Formalinlösung. Die spätere Laboranalyse der Blasenflüssigkeit und die mikroskopische Untersuchung der Gewebeproben bestätigten unseren Verdacht, dass es sich bei beiden Hautveränderungen um Brandblasen handelte.

Nach der äußeren und vor der inneren Leichenschau röntgten wir den Toten. Beim Röntgen des Schädels stellten wir Brüche des linken Jochbeins und des linken Augenhöhlendaches fest, ebenso war das knöcherne Nasenskelett an diversen Stellen gebrochen – man spricht von »mehrfacher Nasenbeinfraktur«. Das Röntgen des Thorax, also des Oberkörpers, verriet uns bereits, dass wir bei der Obduktion auf diverse Frakturen der Wirbelsäule und der Unterarme beiderseits stoßen würden.

Das Röntgen eines Toten oder nur von bestimmten Körperpartien vor der Obduktion ist insbesondere bei Schusstodesfällen oder bei stark polytraumatisierten Verstorbenen ein routinemäßiges Verfahren. Dadurch lassen sich deutlich sichtbare (»röntgendichte«) Fremdkörper wie Projektile, Projektilteilchen, abgebrochene Klingen oder andere Metallteilchen sowie Knochenbrüche und Schussfrakturen nachweisen bzw. ausschließen.

Die Obduktion bestätigte, was nach äußerer Leichenschau und Röntgen bereits mehr als wahrscheinlich gewesen war: Der Mann war durch massive Gewalteinwirkung gegen den Kopf zu Tode gekommen. Die Präparation der Hals- und Gesichtsweichteile zeigte, dass wir mit unserer Vermutung bei der ersten Untersuchung des Toten am Leichenfundort recht gehabt hatten: Sowohl Ober- als auch Unterkiefer waren mehrfach gebrochen. Zusätzlich waren mehrere Frontzähne im Ober- und Unterkiefer herausgebrochen oder stark gelockert.

Nachdem wir das Schädeldach mit der oszillierenden Säge abgelöst und das Gehirn aus dem Schädel entnommen hatten, stellten wir insgesamt drei Berstungsbrüche des vorderen Hirnschädels und mehrere Brüche der Schädelbasis mit korrespondierenden Hirnrindenprellungsblutungen und Quetschungen des Hirngewebes fest. Zusätzlich waren das rechte und das linke knöcherne Augenhöhlendach völlig zertrümmert, und das Gehirn war in diesem Bereich nur noch eine blutunterlaufene, breiige Masse, die keine Strukturen mehr erkennen ließ.

Diese schweren Kopfverletzungen mussten zum sofortigen Tod geführt haben. Das bedeutete, dass der Mann nicht schwerverletzt, sondern bereits tot zu seinem Fundort im Berliner Stadtteil Friedrichshain geschleppt worden war. Solche Details können für das später aus einem Gerichtsprozess resultierende Strafmaß entscheidend sein. Für die spätere Strafzumessung ist nämlich wichtig, ob die vermeintliche Leiche noch gelebt hat, als sie verschleppt bzw. versteckt wurde, oder ob sie zu diesem Zeitpunkt schon tot war. Im ersten Fall kann »unterlassene Hilfeleistung« geahndet werden.

Als wir Brust- und Bauchhöhle geöffnet und die inneren Organe entnommen hatten, stellten wir fest, dass diese ausgesprochen blass waren, der Mann also tatsächlich kurz vor dem Tod eine große Menge an Blut verloren haben musste. In der Luftröhre und den Bronchien fanden wir blutig-schaumige Flüssigkeit – ein Vitalitätszeichen. Nach dem Bruch der Schädelbasis war Blut in den Rachenraum gelangt und von dem Sterbenden mit seinen letzten Atemzügen eingeatmet worden. Die blutig-schaumige Flüssigkeit in den Bronchien war neben den vital entstandenen Blutungen im Hirngewebe ein weiterer rechtsmedizinischer Beweis dafür, dass der Mann im Moment der Gewalteinwirkung gegen seinen Kopf noch gelebt hatte. Damit waren die Kopfverletzungen bewiesenermaßen die Todesursache.

Bei der Präparation der Weichteile und des Skelettsystems wird erst die Haut regelrecht »abgeschält« und dann das Unterhautfettgewebe und die Muskulatur schichtweise freigelegt, um Hämatome oder Zerreißungen in diesen Schichten festzustellen, bis schließlich die Knochen freiliegen. Diese werden dann auf eventuell vorhandene Frakturen untersucht. Die Präparation des Mannes, der scheinbar vom Himmel gefallen war, zeigte uns Frakturen mehrerer Hals- und Brustwirbelkörper, die regelrecht ineinander verschoben, also gestaucht waren, wie Eisenbahnwaggons nach der Frontalkollision mit einem entgegenkommenden Zug. Auch die Ellen- und Speichenknochen beider Unterarme waren nahe dem Handgelenk gebrochen.

Die Blutalkoholbestimmung ergab eine Blutalkoholkonzentration von 0,35 Promille. Der Mann war zum Zeitpunkt seines Todes also sehr leicht alkoholisiert gewesen. Die chemisch-toxikologische Untersuchung von Venenblut, Herzblut, Mageninhalt und Urin auf Drogen und Medikamente verlief negativ. Letzteres bedeutete, dass der Mann keine Psychopharmaka eingenommen haben konnte, zumindest nicht regelmäßig. Falls er also an einer psychiatrischen Erkrankung gelitten hatte, wie wir aufgrund der abrasierten Augenbrauen vermutet hatten, konnte er sich nicht in regelmäßiger ärztlicher Behandlung befunden haben.

Als wir mit der Obduktion fertig waren, teilte ich dem zuständigen Staatsanwalt, der die ganze Zeit dabei gewesen war und sich jeden unserer Handgriffe interessiert hatte erklären lassen, meine Einschätzung mit: Nach allem, was ich gesehen hatte, ging ich davon aus, dass das tödliche Schädel-Hirn-Trauma die Folge eines Sturzes aus mindestens fünf Meter Höhe war. Andere Arten stumpfer äußerer Gewalteinwirkung kamen für die massiven Kopfverletzungen, insbesondere in Kombination mit den Brüchen von Elle und Speiche beider Unterarme und der gestauchten und gebrochenen Wirbelsäule, nicht in Betracht. Der Mann musste mit dem Kopf voran auf offensichtlich sehr hartem Untergrund aufgeschlagen sein, was dann nicht nur zu den Schädel- und Gesichtsverletzungen, sondern auch zu den Brüchen und der Stauchung der Wirbelsäule geführt hatte. Es handelte sich somit um eine nicht-natürliche Todesart. Weder ein Gewaltverbrechen noch ein Sturz in suizidaler Absicht oder ein Unfall konnten zunächst bewiesen oder ausgeschlossen werden.

Der Tote konnte noch am Abend desselben Tages, an dem die Leiche gefunden wurde, durch seine Fingerabdrücke als Andrej Tischkov identifiziert werden. Tischkov war einige Monate zuvor als Schwarzarbeiter auf einer Berliner Baustelle festgenommen und dann auf einer Polizeidienststelle »erkennungsdienstlich behandelt« worden.

Am nächsten Tag gab die Berliner Polizei eine Pressemeldung heraus. Darin wurde von dem Leichenfund und den massiven Kopfverletzungen als Todesursache berichtet und die Identität des Toten genannt. Auch enthielt die Mitteilung Details über seine Beschäftigung als Schwarzarbeiter und einen kürzlich gestellten Asylantrag, der abgelehnt worden war. Auf diesem Weg suchten die Ermittler nach möglichen Zeugen, die den Toten kannten und/oder etwas darüber sagen konnten, mit wem er in Kontakt gestanden hatte, sowie über seinen Aufenthaltsort unmittelbar vor seinem Tod.

Es war offensichtlich, dass es sich hierbei um einen typischen Fall von Leichenbeseitigung handelte. Tischkov war von seinem Sterbeort weggeschafft und in Berlin-Friedrichshain abgelegt worden, um die Spur zu irgendjemandem zu verwischen. Aber wer war dieser Jemand? Und was hatte er zu verbergen?

Knapp zwei Monate nach der ersten Pressemeldung des Berliner LKA erschien eine weitere offizielle Pressemitteilung der Berliner Polizei. Diesmal wurde die Aufklärung des Falles vermeldet: »Der Fall stellt sich als Suizid dar«, hieß es darin. Andrej Tischkov hatte sich die letzten Wochen vor seinem Tod auf einem ehemaligen Bauernhof im sächsischen Muldentalkreis aufgehalten (ein anonymer Anrufer hatte die Polizei darüber informiert) und dort eine illegale Cannabisplantage gehütet. Auf diesem Hof stürzte sich der an Depressionen leidende Mann den Ermittlungen zufolge aus einem Fenster des zweiten Stocks.

Nachdem das Objekt, das Gehöft eines 39-jährigen Deutschen, der dort mit seiner 22-jährigen Lebensgefährtin auch wohnte, lokalisiert und einige Zeit observiert worden war, beantragte die Staatsanwaltschaft beim zuständigen Gericht einen Durchsuchungsbeschluss, der auch genehmigt wurde. Das mobile Einsatzkommando der Polizei und die sie begleitenden Rauschgiftfahnder fanden auf einer Fläche von mehreren Tausend Quadratmetern eine hochprofessionell eingerichtete Anlage zur Aufzucht von Cannabispflanzen vor. In den Gewächshäusern wurden etwa 4.800 Hanfpflanzen unterschiedlicher Wachstumsphasen sichergestellt, die später auf Anordnung der Staatsanwaltschaft vernichtet wurden.

Vier Dieselaggregate, die jeweils die Größe von Kleinbussen hatten, versorgten über tausend Hochleistungs-Quecksilberdampflampen mit je 800 Watt Energie und sorgten so für die richtige Temperatur in den Gewächshäusern. Zudem war die Indoor-Plantage mit einem vollautomatischen Bewässerungs- und Entlüftungssystem ausgestattet. An die Bewässerungsanlage, die für die richtige Feuchtigkeit der Pflanzen sorgte, waren zwei 6.000-Liter-Wassertanks angeschlossen. Eine Zuluftanlage sorgte über Ventilatoren für die nötige Belüftung, während die mit hochwertigen Kohlefiltern ausgestattete Abluftanlage verhinderte, dass sich in der Umgebung der Treibhäuser der typische süßlich-schwere Cannabisduft verbreitete und so auf das Treiben auf dem Gehöft aufmerksam machte. Licht- und Bewässerungsanlage wie auch die Lüftung wurden per Handy des Betreibers und über eine elektronische Zeitschaltuhr gesteuert.

Allein die Lichtanlage musste mehrere Hunderttausend Euro gekostet haben.

Die 4.800 Pflanzen warfen im Jahr schätzungsweise 600 Kilogramm Cannabis ab: Straßenverkaufswert um die drei Millionen Euro. Ein lukratives Geschäft.

Als ich von den Hochleistungs-Quecksilberdampflampen mit je 800 Watt hörte, hatte ich eine Vermutung, wie die Hautblasen an der Innenfläche von Tischkovs linker Hand entstanden sein könnten. Bei der Blasenflüssigkeit handelte es sich ausweislich der Laboruntersuchung um ein stark eiweißreiches Exsudat (entzündliche Absonderung) mit vereinzelten intakten roten Blutzellen und wenig Entzündungszellen. Das bedeutete, dass die Hautblasen zu Lebzeiten Tischkovs entstanden waren und nicht erst beim Transport der Leiche. Die mikroskopische Untersuchung der Hautblasen ergab, dass es sich um thermische Verletzungen, also Brandblasen handelte. Aufgrund ihrer »gegenüberliegenden Lokalisation an der Handinnenfläche«, wie ich es ins Protokoll diktiert hatte, war es sehr wahrscheinlich, dass Tischkov sich beim Hantieren mit einer der noch heißen Quecksilberdampflampen kurz vor seinem Tod verbrannt hatte. Tischkov war, wie die polizeilichen Ermittlungen ergeben hatten, Linkshänder gewesen.

Nahe einem der Wohnhäuser auf der Indoor-Plantage fanden die Kripoleute dann tatsächlich eine mit Sand abgedeckte Blutlache im gepflasterten Hof, unterhalb eines Flurfensters, das sich im zweiten Obergeschoss, etwa sieben Meter über dem Kopfsteinpflaster befand. Eine DNA-Untersuchung ordnete das getrocknete Blut auf dem Kopfsteinpflaster zweifelsfrei dem Toten zu.

Auffällig war, dass die angetrocknete Blutlache im Hof vier Meter von der Hauswand entfernt war – für einen Sturz aus dem Fenster sehr weit. Dafür gab es nur zwei mögliche Erklärungen: Entweder war der bereits tote Tischkov mit Schwung aus dem Fenster geworfen worden, oder der Mann war mit Anlauf aus dem Flurfenster gesprungen.

Möglichkeit eins fiel aus. Erstens hätte es übermenschlicher Kräfte bedurft, um den ein Meter achtzig großen und 75 Kilogramm schweren Tischkov vier Meter weit durch die Luft zu werfen. Zweitens hatten wir bei der Obduktion aufgrund der Vitalzeichen eindeutig festgestellt, dass Tischkov zu dem Zeitpunkt, als er sich die schweren Kopfverletzungen zuzog, noch am Leben gewesen war. Das hieß, er war mit Anlauf aus dem weit geöffneten, im Übrigen auch fast bis zum Boden reichenden Flurfenster im zweiten Stock gesprungen. Um die Gewissheit zu haben, beim Sturz auch tatsächlich zu sterben, war er nach dem bei der Obduktion festgestellten Verletzungsbild nicht nur mit Anlauf, sondern auch noch mit dem Kopf zuerst gesprungen und dann mit Kopf und Gesichtspartie auf dem harten Kopfsteinpflaster gelandet. Das Pflaster hatte Gesicht und Schädel mit der Wucht eines Vorschlaghammers zertrümmert und Nase, Kiefer und Schädelbasis zerschmettert, während durch die kinetische Energie des Aufpralls die Wirbelsäule gestaucht und mehrfach gebrochen worden war. Sehr wahrscheinlich hatte Tischkov noch reflexartig versucht, den Aufschlag mit seinen ausgestreckten Armen abzufangen, was dann in der Fraktur der Ellen- und Speichenknochen beider Unterarme resultierte.

Der 39-jährige Betreiber der Cannabisplantage, der über seinen illegalen Cannabisanbau ein vollständiges Geständnis ablegte, beschrieb Tischkov als schwer depressiv. Neben dem Tod seiner jüngeren Schwester, die einige Monate zuvor an Leukämie gestorben war, habe es ihm besonders zu schaffen gemacht, dass sein Asylantrag von den deutschen Behörden abgelehnt worden war und ihm die Abschiebung zurück in die Ukraine drohte. Als er den toten Tischkov in einer Blutlache im Hof gefunden habe, sei ihm sofort klar gewesen, dass seine Plantage »auffliegen« würde, wenn er einen Arzt zur Todesfeststellung oder einen Bestatter zum Abtransport der Leiche rufen würde. Also hatte der Mann den toten Tischkov in den Kofferraum seines Autos geladen und ihn in der Nacht am Ende der dunklen Sackgasse ausgeladen und auf die Rasenfläche geschleift. Im Kofferraum fanden sich dann auch Blutspuren, die mittels DNA-Abgleich dem Toten zugeordnet werden konnten.

Das Spektrum postmortaler Handlungen von Tätern nach Tötungsdelikten, von Kriminalisten und Juristen auch unter dem Begriff »Nachtatverhalten« subsumiert, ist sehr breit. Im Kapitel »Unter die Räder gekommen« habe ich von einem Fall berichtet, bei dem das Opfer eines Tötungsdeliktes von den Tätern auf einer Landstraße abgelegt worden war, weil sie einen tödlichen Fußgängerunfall vortäuschen und so den vorangegangenen Mord an dem Mann verschleiern wollten. In »Ein tödliches Wunder« konnten Sie unter anderem von einem Fall lesen, bei dem der Mörder sein Opfer postmortal enthauptet und anschließend versucht hatte, den abgetrennten Kopf seines Opfers in der Toilette hinunterzuspülen, eine der diversen Formen der defensiven Leichenzerstückelung, bei denen der Täter versucht, sein Opfer unkenntlich zu machen, um Kripo und Rechtsmedizin die Identifizierung zu erschweren. Weitere Beispiele hierfür sind das Abtrennen und Beseitigen der Hände (keine Fingerabdrücke) oder das Verbrennen der Leiche.

Anders verhält es sich dagegen bei Formen der Leichenbeseitigung, die wir in der Rechtsmedizin unter dem Begriff »Leichendumping« zusammenfassen. Der Tote, den es zu beseitigen, also zu »dumpen« gilt, muss, wie der eben beschriebene Fall zeigt, nicht zwangsläufig das Opfer eines Tötungsdelikts geworden sein. Beim Leichendumping geht es nicht unbedingt um die Vertuschung eines Mordes, sondern oft nur darum, die Polizei in die Irre zu führen, damit eine begangene Straftat, die gar nicht mit dem Tod in Verbindung steht, unentdeckt bleibt.

Weil das Auffinden des Toten an seinem Sterbeort unangenehme Nachforschungen und Fragen seitens der Polizei mit sich bringen würde, wie es bei Tischkov der Fall gewesen wäre, laden die Betroffenen die gefundene Leiche lieber woanders ab. Anders als von ihrem Mörder beseitigte Leichen sind »gedumpte« meist nicht einmal besonders gut versteckt. Die Leichendumper haben nichts dagegen, dass die Polizei den Toten findet, es soll nur keine Spur zu ihnen führen. Also machen sie sich auch nicht die Mühe, den Toten mit Gewichten an den Füßen zu beschweren und in einem Fluss oder See zu versenken oder tief im Wald zu vergraben.

So oder so führt Leichendumping selten zum gewünschten Erfolg. Wie im hier beschriebenen Fall finden sich bei der Obduktion oft entscheidende Hinweise auf den Sterbeort, oder die Identifizierung des Opfers ruft Zeugen auf den Plan.

Und in beiden Fällen muss sich der Betreffende dann neben der Straftat, die nicht aufgedeckt werden sollte, auch noch für die »Störung der Totenruhe« verantworten. So ist der § 168 StGB überschrieben, in dem es in Absatz 1 heißt:

> »Wer unbefugt aus dem Gewahrsam des Berechtigten den Körper oder Teile des Körpers eines verstorbenen Menschen, eine tote Leibesfrucht, Teile einer solchen oder die Asche eines verstorbenen Menschen wegnimmt oder wer daran beschimpfenden Unfug verübt, wird mit Freiheitsstrafe bis zu drei Jahren oder mit Geldstrafe bestraft.«

Einen Toten zu verstecken, selbst wenn man für dessen Tod nicht verantwortlich ist, ist also alles andere als ein Kavaliersdelikt.

Nicht immer allerdings sind sorgfältig versteckte Leichen ein Indiz für Leichendumping, wie wir im nächsten Kapitel sehen werden.

Untergetaucht

An einem Tag im Herbst legt der 66 Jahre alte Bernd Lingen einen Abschiedsbrief auf den Wohnzimmertisch. Gerichtet ist der Brief an seine Frau Irene. Darin erklärt er ihr, dass er mit den Depressionen nicht länger leben mag. Als seine Frau den Brief findet, ist sie entsetzt und macht sich sofort auf die Suche nach ihrem Mann. Vielleicht ist sein Versuch, sich das Leben zu nehmen, ja gescheitert. Vielleicht kann sie ihn noch *zurückholen.* Doch weder im Haus noch im Garten gibt es eine Spur von ihm. Also bleibt Irene Lingen nichts anderes übrig, als ihren vermeintlich toten Gatten bei der Polizei als vermisst zu melden.

Täglich gehen bei der Polizei in Deutschland etwa 250 neue Vermisstenanzeigen ein. Die Zahlen, die das Bundeskriminalamt vorlegt, sind erschreckend. Im Jahr 2007 waren circa 6.400 Personen in Deutschland als vermisst gemeldet. Darunter befanden sich 518 vermisste Kinder bis zu einem Alter von 13 Jahren. Bei den 6.400 vermissten Personen handelt es sich sowohl um Fälle, die sich innerhalb weniger Tage aufklären, als auch um die Menschen, die jahrzehntelang verschwunden bleiben. Bei Letzteren kann nur gemutmaßt werden, ob sie noch leben oder Opfer einer Straftat oder eines Unglücksfalls wurden, ob sie sich in einer Situation der Hilflosigkeit befanden oder befinden oder einfach

»ausgestiegen« sind; in drastischen Fällen haben sie sich selbst irgendwo unentdeckt das Leben genommen.

Jemand wird in der Regel von Angehörigen oder Bekannten bei der Polizei als vermisst gemeldet, wenn er aus unerklärlichen Gründen seinem gewohnten Aufenthaltsort fernbleibt. Die Polizei leitet aber nur dann eine Fahndung ein, wenn nachweislich der derzeitige Aufenthaltsort der betreffenden Person unbekannt ist, die Person nachgewiesenermaßen ihren gewohnten Lebenskreis (Wohnumfeld, Arbeitsstätte) verlassen hat und eine Gefahr für Leib oder Leben dieser Person angenommen werden kann. Natürlich haben Erwachsene, die im Vollbesitz ihrer geistigen und körperlichen Kräfte sind, das Recht, ihren Aufenthaltsort frei zu wählen, auch ohne diesen den Angehörigen oder Freunden mitzuteilen. Es ist daher nicht Aufgabe der Polizei, den Verbleib eines Vermissten zu ermitteln, wenn bei ihm keine Gefahr für Leib oder Leben erkennbar ist. Sofern eine derartige Gefahrenlage aber gegeben scheint, erfolgt die Fahndung nach vermissten Erwachsenen zunächst in der Regel mit dem Ziel der »Aufenthaltsermittlung«.

Wird der Aufenthaltsort der vermissten Person festgestellt, ist damit der Fall für die Polizei nicht automatisch erledigt. Zu den Akten gelegt werden kann er nur dann, wenn die Person wohlauf und nicht Opfer einer strafbaren Handlung geworden ist und auch selbst keine strafbaren Handlungen begangen hat (denn das ist natürlich durchaus auch ein Motiv dafür, »von der Bildfläche zu verschwinden«). Den Angehörigen oder Bekannten nennt die Polizei den Aufenthaltsort nur, wenn die zuvor als vermisst gemeldete Person damit einverstanden ist.

In Fällen, bei denen die vermisste Person tot aufgefunden wird, stellt sich wie bei allen Leichenfunden die Frage nach Unfall, Suizid oder Mord.

Dass oft ein Mord dahintersteckt, wenn jemand spurlos verschwindet, ist allseits bekannt. Ebenso, dass Mörder oft versuchen, ihr Opfer verschwinden zu lassen. Denn inzwischen hat sich herumgesprochen, dass wir Rechtsmediziner in den Verletzungen eines Mordopfers »wie in einem Buch lesen« können.

Manchmal fragen mich Krimiautoren, wie aus meiner Sicht als Rechtsmediziner der perfekte Mord aussieht. Leider muss ich mein Gegenüber dann regelmäßig enttäuschen. Meine recht stereotype Antwort: »Was soll das werden mit dem perfekten Mord? Der perfekte Mord ist ein Mord ohne Leiche – und ein Krimi ohne Leiche ist kein Krimi.«

Allerdings erfüllt sich die Hoffnung der Täter, nicht entdeckt zu werden, weil sie die Leiche verschleppt haben, immer seltener. Dass immer häufiger auch lange zurückliegende Verbrechen aufgeklärt werden, Kindermördern oder Vergewaltigern zum Teil viele Jahre oder sogar Jahrzehnte später noch der Prozess gemacht werden kann, liegt unter anderem daran, dass es in den letzten Jahren erhebliche technologische und methodische Fortschritte in allen Analysebereichen der Kriminaltechnik und Rechtsmedizin gab. Allen voran die DNA-Analyse (»genetischer Fingerabdruck«) oder die deutliche Weiterentwicklung toxikologischer Untersuchungsmethoden in den neunziger Jahren. So können inzwischen sogar geringste Mengen von Giften, auch von sehr seltenen, nachgewiesen werden. Per DNA-Analyse sind diverse »cold cases«, also ungelöste, zu den Akten gelegte Kriminalfälle aus den siebziger und achtziger Jahren gelöst worden. Teilweise hatten diese Kapitalverbrechen zuvor jahre- oder sogar jahrzehntelang in Form von Akten und den dazugehörigen »Spurenträgern« (Kleidungsstücke des Opfers oder Tatwerkzeuge) in den Archiven der Polizei gelegen.

Bernd Lingen wurde nach sieben Tagen tot aufgefunden. Allerdings nicht versteckt auf irgendeiner Autobahnraststätte, weit entfernt und gut verpackt in kleinen Säckchen, oder in einer gottverlassenen Sandkuhle verscharrt. Es war seine Frau, die ihn schließlich doch noch fand – als sie den Deckel einer großen Regentonne anhob, die nur wenige Meter von ihrem Haus entfernt im Garten stand. Der Ort seines Todes war gleichzeitig nah und fern – in unmittelbarer Nähe des Hauses, aber an einem Ort, an dem ihn niemand gesucht hätte.

Die von Irene Lingen gerufene Polizei begann sofort mit ihren Ermittlungen. Trotz des Abschiedsbriefs war ein Mord nicht auszuschließen, denn Bernd Lingen konnte ja zum Schreiben gezwungen worden sein, damit das Gewaltverbrechen nach Suizid aussah.

Als der Verstorbene bei uns im Institut auf dem Sektionstisch lag, las ich zuerst den Bericht der Kriminaltechniker, die sich direkt am Ort des Geschehens ein erstes Bild gemacht hatten. Lingens Leichnam hatte rücklings zusammengekauert auf dem Boden der grünen Plastiktonne gelegen. Der Kopf war an die Wand gelehnt, die blutüberströmten Unterarme waren auf die Brust gelegt, die Knie angewinkelt – eine beinahe andächtige, embryonale Haltung. An der Innenseite der Unterarme fanden sich unterschiedlich tiefe, zum Teil klaffende Schnittverletzungen. Neben der Leiche lagen mehrere blutige Rasierklingen, ein blutiges Brotmesser, ein ebenfalls blutbeschmiertes Obstmesser und ein Trinkgefäß. Der Boden der Tonne war mit geronnenem Blut bedeckt, ebenso Pullover und Hose des Toten. Diesen Anblick wird Irene Lingen sicher niemals vergessen, genauso wenig wie den Geruch nach Leichenfäulnis, der ihr aus der Tonne entgegengeströmt war.

Noch vor Beginn der Obduktion untersuchten wir die Regentonne, die mitsamt dem Toten ins Institut gebracht worden war. Und stießen bereits hier auf ein entscheidendes Detail: An der Innenseite des Tonnendeckels, der bei Lingens Auffinden ja geschlossen gewesen war, entdeckten wir zahlreiche Blutspritzer. Ihre Form – sie sahen aus wie kleine Ausrufezeichen – zeigte uns, dass der Verletzte zum Zeitpunkt ihrer Entstehung noch einen Blutdruck gehabt hatte. Lingen hatte folglich noch gelebt, als er in der Tonne war, konnte also nicht im Anschluss an einen Mord dorthin verfrachtet worden sein. Dafür sprach auch die funktionsfähige Taschenlampe, die die Ermittler in der Tonne gefunden hatten.

Wie es aussah, war Bernd Lingen, nachdem er seiner Frau den Brief hinterlassen hatte, in die Tonne geklettert, hatte den Deckel von innen geschlossen und sich anschließend, in der Tonne zusammengekauert, die

Pulsadern aufgeschnitten. Diesen ohnehin nicht in Zweifel gezogenen Verdacht konnte die Obduktion detailliert belegen.

An den Unterarmen fanden wir, wie ich in das Sektionsprotokoll diktierte,

»Zeichen scharfer Gewalteinwirkung in Form von zahlreichen parallelen, sich nicht überkreuzenden, unterschiedlich tiefen Schnittverletzungen an den Innenseiten beider Handgelenke mit umgebender kräftiger dunkelroter Unterblutung und Freiliegen der Beugersehnen der Handmuskeln in diesem Bereich«.

Umgangssprachlich würde man von »Pulsaderschnitten« sprechen. Daneben wies die Haut dort mehrere weniger tiefe Wunden auf, wie wir sie häufig bei Leuten finden, die sich die Pulsadern aufgeschnitten haben. Obwohl entschlossen, sich das Leben zu nehmen, testen die Betreffenden für gewöhnlich erst den Schmerz und ob sie in der Lage sind, sich selbst auf diese Weise tödlich zu verletzen. Entsprechend bezeichnen Rechtsmediziner diese oberflächlichen Schnitte als »Probierschnitte« oder auch »Zauderschnitte«.

Bei Bernd Lingen lagen die Verletzungen an einer Stelle, die für die messerführende Hand gut erreichbar war, und sie verliefen parallel – beides Indizien dafür, dass er sie sich selbst beigebracht hatte. Schnittverletzungen, die einem Opfer gegen seinen Willen zugefügt werden, bieten in der Regel ein deutlich unregelmäßigeres Bild: Sie sind unterschiedlich tief und verlaufen kreuz und quer, weil der Angegriffene dabei natürlich nicht stillhält.

Als wir nun das Weichgewebe und die Muskulatur der Unterarme schichtweise präparierten, um die hier gelegenen Gefäße, Nerven und Sehnen näher in Augenschein zu nehmen, stellten wir fest, dass beide Ellenschlagadern quer zu ihrer Längsachse durchtrennt waren. Auch die oberflächlichen Hautvenen an den Innenseiten beider Handgelenke waren durchtrennt, ebenso wie der begleitende große Nerv am rechten Unterarm. Diese vollständige Durchtrennung beider Ellbogenschlagadern hatte zu einer arteriellen, stark spritzenden Blutung und letztlich zu einem Tod durch Verbluten geführt.

Bernd Lingen hatte also getan, wovon in Suizid-Foren im Internet immer abgeraten wird: Er hatte die Pulsadern quer durchtrennt. Bei Schnitten quer zum Gefäßverlauf kommt es häufig zur sogenannten Gefäßstumpfretraktion. Auf den Schnittreiz hin können sich hierbei die quer durchgeschnittenen Arterien am Handgelenk im Stumpfbereich etwas zusammenrollen. Durch den dadurch bedingten Gefäßverschluss kann die Blutung ganz oder teilweise gestoppt werden. Die Gefäßstumpfretraktion ist, neben der Blutgerinnung, sozusagen ein körpereigener Schutzmechanismus gegen das Verbluten. Aus diesem Grund schneiden sich viele Menschen mit Suizidabsicht die Pulsadern in Längsrichtung des Armes auf. Dadurch wird nicht nur das Zusammenrollen der angeschnittenen Gefäßstümpfe verhindert, sondern es wird auch eine sehr viel größere Fläche der Arterie geöffnet. Entsprechend kann sehr viel mehr Blut in sehr viel kürzerer Zeit herausströmen – was natürlich den Tod beschleunigt.

Bei der Untersuchung der inneren Organe Lingens fanden wir die typischen Zeichen eines starken Blutverlustes zu Lebzeiten, die uns in den vorangegangenen Kapiteln schon des öfteren begegnet sind: spärliche Totenflecke, auffallend blasses Zahnfleisch, Blässe der Schleimhäute von Mund und Rachen und Speiseröhre sowie eine generelle Blutarmut der inneren Organe. Als ich die beiden Herzkammern und die herznahen Gefäße mit der Schere aufschnitt, war auch hier nur noch sehr wenig Blut vorhanden, und auch das Milzgewebe war schlaff und blutleer, wie dies ebenfalls typisch für einen Verblutungstod ist.

Die toxikologische Untersuchung lieferte uns weitere Belege dafür, dass Bernd Lingen Suizid begangen hatte. Sein Venenblut wies eine Doxylamin-Konzentration von 14,2 µg/ml auf. Doxylamin ist eine Substanz, die als Schlafmittel verschrieben wird. Dass wir zusätzlich im Magen des Verstorbenen mit 793 µg/ml eine sehr hohe Wirkstoffkonzentration von Doxylamin feststellten, zeigte uns, dass Lingen das Medikament kurz vor seinem Tod und in sehr hoher Dosierung (ziemlich sicher in suizidaler Absicht) eingenommen hatte. Ein Großteil des Wirkstoffs hatte den Magen noch gar nicht passiert, d. h., er war noch nicht über den Magenpförtner in den Dünndarm gelangt. Hätte sich Lingen nicht unmittelbar nach Einnahme des Schlafmittels die Pulsadern aufgeschnitten, wäre die Doxylamin-Konzentration in seinem Mageninhalt weitaus geringer, dafür in seinem Blut deutlich höher gewesen und hätte vielleicht auch allein zum Tode geführt.

Die Folgen der Vergiftung mit dem Schlafmittel zeigten sich auch am Gehirn. Bei der Obduktion wird es nach Entnahme aus dem Schädel zunächst gewogen, ehe man nach einer äußeren Inspektion der Hirnoberfläche und der Schlagadern an der Unterseite das Gehirn dann in 12 bis 14 jeweils etwa einen Zentimeter dicke Scheiben schneidet, um auch die inneren Hirnstrukturen genau begutachten zu können.

Als wir Lingens Gehirn wogen, stellten wir ein deutlich erhöhtes Hirngewicht und eine deutliche Hirnschwellung fest, beides für Vergiftungen typische pathologische Befunde. Das Gehirn reagiert relativ gleichförmig auf die verschiedensten Schad- oder Giftstoffe, nämlich mit einer Schwellung durch vermehrte Wassereinlagerung im Hirngewebe, unabhängig davon, ob es sich dabei um zu viel Alkohol, eine überhöhte Dosis eines Medikaments oder ein Trauma, z. B. eine Hirnerschütterung, handelt.

Bernd Lingen war verblutet, nachdem er sich erst vergiftet und anschließend die Pulsadern aufgeschnitten hatte. Vorher hatte er einen Abschiedsbrief an seine Frau Irene geschrieben, ihn gut sichtbar ins Wohnzimmer gelegt – und war dann zum Sterben in der Regentonne seines eigenen Gartens untergetaucht. Warum? Wieso versteckt sich jemand selbst, wie ein Mörder sein Mordopfer versteckt, bevor er sich das Leben nimmt?

Mich erinnert dieses Verhalten an verletzte oder sehr alte Tiere, die sich zum Sterben an einen verborgenen

Platz begeben. Und an die berühmten Elefantenfriedhöfe, die alte und kranke Elefanten angeblich aufsuchen, um dann dort in Ruhe zu sterben.

Fakt ist, dass sich viele lebensmüde Menschen aus Rücksichtnahme auf ihre Angehörigen außerhalb ihrer häuslichen Umgebung töten. Sie wollen die gemeinsame Wohnung nicht mit ihrem Blut beschmutzen und ihren Angehörigen oder Mitbewohnern das Auffinden ihrer Leiche ersparen. Dieses Verhalten beobachten wir vor allem bei Suiziden, die mit Hilfe »harter« Suizidmethoden wie einem Sprung aus großer Höhe, Erhängen oder wie in unserem Fall durch Einwirkung scharfer Gewalt – also mit Messern und anderen Schnittwerkzeugen – ausgeführt werden.

Wer sich jedoch in die Regentonne begibt und den Deckel schließt, bevor er mit dem Suizid beginnt, will ganz sicher nicht nur Rücksicht nehmen. Ein solcher Mensch will im Moment des Todes und danach so allein sein, wie er sich zu Lebzeiten gefühlt hat. Er will nicht gesehen oder gestört werden, während er die Welt verlässt. Und manche wollen darüber hinaus auch nie mehr gefunden werden. Indem sie ihre Selbsttötung so inszenieren, dass sie praktisch »vom Erdboden verschluckt« werden, kappen sie jegliche Verbindung zwischen sich und dieser Welt. Entsprechend wird das Untertauchen vor dem Suizid in der rechtsmedizinischen Fachliteratur als »suizidales Höhlenverhalten« bezeichnet.

Bernd Lingen wollte in Einsamkeit sterben, aber nicht auf Kosten seiner Frau. Sie sollte Bescheid wissen, deshalb der Abschiedsbrief. Dass sie dennoch zwischen

Hoffen und Bangen hin und her gerissen war, bevor sie ihn schließlich fand, konnte er damit wohl kaum verhindern.

Wie weit das Spektrum der gewählten Suizidverstecke reicht, zeigt der Fall eines 44-jährigen Mannes, der rein zufällig von Passanten entdeckt wurde. Der Mann hatte sich in einem zweieinhalb Meter tiefen Wartungsschacht in einem Berliner Waldstück erhängt. Der Schachtdeckel aus dickem Stahlblech bedeckte die Einstiegsöffnung fast vollständig. Die Passanten waren auf den Leichnam nur aufmerksam geworden, weil sie in der Nähe des Schachtes einen Rucksack gefunden hatten, der, wie sich später herausstellte, dem Toten gehörte. Später stellte sich zudem heraus, dass sich der Mann seit langer Zeit wegen einer depressiven Erkrankung in psychiatrischer Behandlung befunden und mehrere stationäre Therapien jeweils vorzeitig abgebrochen hatte.

Wegen der ungewöhnlichen Leichenfundsituation wurde der Bereitschaftsarzt der Berliner Rechtsmedizin an den Ort des Geschehens gerufen, um gleich dort eine äußere Leichenschau der noch hängenden Leiche durchzuführen und eine erste rechtsmedizinische Einschätzung zum Todesfall abzugeben. Der Mann war offensichtlich bereits seit einigen Tagen tot, was die vollständig gelöste Totenstarre und die bereits beginnenden Leichenfäulnisveränderungen zeigten.

Er hatte ein Hanfseil an einem Steigeisen des Wartungsschachtes befestigt und sich damit erhängt. Aufgrund des ungewöhnlichen Verstecks waren die Ermittler auch in diesem Fall zunächst von einem

Tötungsdelikt ausgegangen. Dagegen sprach allerdings neben der psychiatrischen Vorgeschichte des Mannes, dass sich der Deckel leicht bewegen ließ, so dass der Mann auch vom Inneren des Schachtes aus den Deckel ohne große Anstrengung schließen konnte, während er schon die Schlinge um den Hals trug. Zudem wohnte der Verstorbene nur wenige Hundert Meter vom Ort des Geschehens entfernt.

Und der Rucksack neben der Schachtöffnung?

Vielleicht ein Versehen des Mannes, vergessen in dem Eifer, endlich aus dieser für ihn so unfreundlichen Welt zu scheiden. Oder aber ein Zeichen für die innere Zerrissenheit, die oftmals selbst den festen Entschluss, allein zu sterben, begleitet. Ein Teil von ihm wollte vielleicht doch, dass sein Leichnam gefunden wird.

Selbst wenn sich eindeutig ergründen ließe, welche von diesen beiden Möglichkeiten nun der Wahrheit entspricht, würde dies nicht in meinen Aufgabenbereich als Rechtsmediziner fallen. Dennoch sind es besonders die Fälle von suizidalem Höhlenverhalten, dieser Extremvariante der Selbsttötung, die mich bei aller beruflichen Distanz und nötigen Objektivität gedanklich beschäftigen.

Wie sollte dies anders sein, da Suizide so eindeutig die nicht-natürlichen Todesfälle dominieren, die mir in meinem Berufsalltag begegnen. Mit Mord werde ich zwar auch konfrontiert, aber, wie sich schon an den hier beschriebenen Fällen ablesen lässt, doch weit häufiger mit Menschen, die ihrem eigenen Leben ein Ende gesetzt haben.

Was für die einen unfassbar ist, ist für andere die letzte Möglichkeit, einer ungeliebten Welt und einem ungeliebten Leben zu entkommen. Grund genug, dem Thema auch hier ein paar allgemeine Zeilen zu widmen:

Suizid ist definiert als die »Vernichtung des eigenen Lebens«. Das Wort »Suizid« stammt aus dem Lateinischen (*sui* = selbst, *caedere* = töten). Daraus hat sich eine ganze Begriffsfamilie abgeleitet.

Suizidenten werden von sogenannter Suizidalität – Suizidneigung, Suizidgefährdung – getrieben. Suizidalität kann durch bestimmte Gründe wie zum Beispiel schwere Krankheit, sei sie psychischer oder physischer Art, oder den Verlust eines Angehörigen oder Lebenspartners bedingt sein. Die Wahl des Suizidmittels lässt dabei häufig erkennen, dass die Möglichkeit zu überleben bewusst einkalkuliert wurde, z. B., wenn sich der Suizident die Innenseite der Handgelenke oder des Unterarmes aufschneidet, ohne allerdings die Pulsadern so zu durchtrennen, dass es zum Verbluten aus den Schnittverletzungen kommt. Mediziner und Psychologen sprechen dann auch vom »appellativen« Charakter des Suizidversuchs, der quasi als Schrei nach Aufmerksamkeit und Hilfe aufzufassen ist.

Suizidenten tragen oft bleibende Schäden davon. Dies können Narben von aufgeschnittenen Pulsadern sein oder – viel gravierender – geistige und körperliche Behinderungen nach überlebter Tablettenvergiftung. Suizidversuche sind etwa zehnmal häufiger als vollendete Suizide, und Frauen begehen ungefähr doppelt so viele Suizidversuche wie Männer.

Im Lauf der Menschheitsgeschichte war der Suizid

nicht immer ein Akt der Verzweiflung. In manchen Staatsformen und Kulturen wurde er durchaus als pragmatische Lösung gesehen, um eine Welt zu verlassen, in der man nicht mehr verweilen mochte oder aufgrund seiner Einstellung konnte. So wurde dem Philosophen Seneca vom römischen Kaiser Nero befohlen, sich umzubringen. Er ließ sich von seinem Diener im Beisein seiner Freunde die Pulsadern öffnen, eine Praxis, die bei den Römern ein Teil des Ehrenkodex war, heute aber als aktive Sterbehilfe strafrechtlich verfolgt werden würde. Seneca hatte sich immer wieder kritisch mit jenen Philosophen auseinandergesetzt, die den Suizid als »Sünde am Leben« bezeichneten. Für Seneca, den Stoiker, war Suizid zu allererst ein Akt der persönlichen Freiheit.

Fast jeder kennt auch die japanischen Samurai, die sich im 12. Jahrhundert durch »Seppuku« (dies ist der richtige Ausdruck statt des oft gebrauchten »Harakiri«) mit ihren Kurzschwertern – den Wakizashi – töteten, wenn sie ihr Gesicht oder ihre Ehre gegenüber ihrem Lehnsherrn oder sich selbst verloren zu haben glaubten, ähnlich wie die Römer. Dazu stießen sie sich das Schwert ungefähr sechs Zentimeter unterhalb des Nabels in den Leib und zogen es anschließend von links nach rechts und dann nach oben. Auf diese Weise wurde die Bauchaorta vollständig durchtrennt, was zum sofortigen Tod durch Verbluten führte. Erst 1868 wurde Seppuku im Rahmen der Meiji-Restauration verboten.

Inzwischen gehören die Samurai samt ihrer Rituale zwar der Vergangenheit an, doch lässt sich eine derart bekannte Suizidmethode nicht komplett aus der Welt schaffen, weder durch ein Verbot noch durch gesellschaftliche und politische Veränderungen. Dass es noch immer Anhänger dieser martialischen Selbsthinrichtung gibt, konnte ich zuletzt im Winter 2008 erleben. Ein 46-jähriger Mann wurde splitternackt und blutüberströmt von seinem Lebensgefährten aufgefunden. Der Tote saß an die Wand gelehnt in einer Ecke des Schlafzimmers. Fast der gesamte Fußboden des Schlafzimmers war mit Blut bedeckt. Die Polizei ging zunächst von einem barbarischen Tötungsdelikt aus, bevor die Obduktion die Wahrheit ans Licht brachte: Der Mann, bei dem vor Jahren bereits eine Schizophrenie diagnostiziert worden war, hatte sich mit einem knapp 30 Zentimeter langen Brotmesser, das vor dem Toten auf dem Fußboden lag, den Bauch aufgeschlitzt.

Doch weder Senecas Freiheitsbegriff noch die Ehrbegriffe untergegangener Kulturen helfen uns weiter, wenn es darum geht, den Menschen andere Auswege aufzuzeigen als Suizid.

Erfreulicherweise nimmt die Zahl der Suizide in Deutschland seit den achtziger Jahren kontinuierlich ab – von 18.451 Menschen im Jahre 1980 auf 9.765 Menschen im Jahre 2006 und 9.402 Menschen im Jahre 2007. Im internationalen Vergleich liegt Deutschland nach einer Studie der OECD, der Organisation für wirtschaftliche Zusammenarbeit und Entwicklung, mit zehn Suiziden pro 100.000 Einwohner auf Platz vier. Die ersten drei Plätze belegen Japan mit 18, Frankreich mit 15 und Kanada mit 11 Suiziden.

Der deutliche Rückgang in Deutschland, wie auch in anderen industrialisierten Ländern, ist wohl der besseren Ausbildung von Ärzten und Mitarbeitern in Pflegeberufen zu verdanken, die Depressionen – die Hauptursache für einen Suizid – früher erkennen und erfolgreicher behandeln können. Auch verschreiben Ärzte in Deutschland mittlerweile sehr viel mehr Psychopharmaka als noch vor ein paar Jahren, und die neuentwickelten Antidepressiva haben auch nicht mehr die gravierenden Nebenwirkungen, wie sie frühere Präparate hatten. Diese Nebenwirkungen wie Übelkeit, Erbrechen oder Kreislaufprobleme führten oft dazu, dass viele Patienten die Medikamente absetzten, ohne ihren Psychiater zu konsultieren, da sie lieber ihre Erkrankung als die Nebenwirkungen der Antidepressiva in Kauf nahmen.

Gleichzeitig wächst aber auch bei den Betroffenen selbst die Bereitschaft, Depressionen als Krankheit und nicht als persönliches Stigma anzuerkennen und sich mit ihren Problemen und Ängsten einem Arzt anzuvertrauen. Damit steigt für viele Menschen die Chance, durch medikamentöse Behandlung und begleitende Psychotherapie einen besseren Ausweg aus ihrer Depression zu finden als den Freitod.

Dennoch: Trotz des Rückgangs der Suizidrate seit den achtziger Jahren starben 2007 in Deutschland mit mehr als 9.000 Suizidenten weit mehr Menschen durch Suizid als durch Verkehrsunfälle (4.949) und Tötungsdelikte (2.347) zusammen. Der Kampf gegen die Depression – und damit auch gegen den Suizid – ist noch lange nicht gewonnen.

Tödliche Ladung

Im öffentlich zugänglichen Bereich eines Berliner Flughafens wollten die zuständigen Reinigungskräfte an einem frühen Spätsommermorgen wie jeden Tag die gefüllten Abfallsäcke in den Müllcontainer werfen, als sie darin einen leblosen Mann mit südländischem Aussehen fanden. Der Mann lag auf den Müllsäcken vom Vortag.

Der alarmierte Notarzt, der den Mann gemeinsam mit zwei Rettungssanitätern aus dem Container barg, konnte nur noch den Tod des Mannes feststellen. Die herbeigerufenen Beamten der Bundespolizei, die am Flughafen ihren Dienst versahen und gleichzeitig mit dem Notarzt herbeigeeilt waren, durchsuchten die Taschen des Toten und fanden dort einen venezolanischen Reisepass sowie 1.500 Euro Bargeld. Nach einem Raubmord oder einem Überfall sah es deshalb erst einmal nicht aus.

Der Vergleich mit dem Lichtbild im Reisepass ergab, dass es sich bei dem Toten um Horacio Galvis Corzo handelte, einen 32-jährigen Venezolaner aus Maracaibo, einer großen Hafenstadt im Nordwesten Venezuelas – natürlich vorausgesetzt, dass der Pass nicht gefälscht war. Noch bevor die Ermittler der Berliner Mordkommission am Leichenfundort eintrafen, fanden die Beamten der Bundespolizei über eine Abfrage im POLAS heraus, dass Horacio Galvis Corzo in Deutschland bisher polizeilich nicht bekannt war.

POLAS steht für Polizeiliches Auskunftssystem. Das Informations- und Kommunikationssystem wird von Polizei, Bundespolizei und Bundeskriminalamt unterhalten und ständig aktualisiert. Darin werden Personen geführt, die bereits strafrechtlich in Erscheinung getreten sind. Neben Vor- und Nachnamen, Geburtsnamen und Spitznamen, Geburtsort, Geburtsland, Staatsangehörigkeit, Geschlecht, Falldaten zu begangenen Straftaten, Haftdaten und der kriminalaktenführenden Dienststelle enthält das Register auch eine detaillierte Personenbeschreibung einschließlich besonderer körperlicher Merkmale sowie personengebundene Hinweise wie z. B. »gewalttätig«, »bewaffnet«, »Konsument harter Drogen«, »Sexualtäter«, »Ausbrecher«, »Straftäter rechts motiviert« oder »Gewalttäter Sport« (z. B. Hooligans oder Fußballrowdys). Das POLAS wurde in der Vergangenheit, besonders unmittelbar nach seiner Inbetriebnahme, immer wieder von Datenschützern, Politikern und Journalisten heftig kritisiert. Rechtliche Grundlagen sind u. a. die *Strafprozessordnung*, das *Gesetz über das Bundeskriminalamt und die Zusammenarbeit des Bundes und der Länder in kriminalpolizeilichen Angelegenheiten* (kurz: BKA-Gesetz) und das *Bundesdatenschutzgesetz*. Durch die Vernetzung von POLAS mit anderen polizeilichen und staatlichen Daten- und Informationssystemen wie dem Zentralen Verkehrs-Informationssystem des deutschen Kraftfahrt-Bundesamtes stehen nötige Informationen oft in Minutenschnelle zur Verfügung, etwa wenn per Kennzeichenabfrage festgestellt werden soll, ob ein Fahrzeug als gestohlen gemeldet wurde.

Zur Klärung von Todesursache und Todesumständen von Horacio Galvis Corzo wurde von der Staatsanwaltschaft telefonisch eine Sofortobduktion angeordnet. Während der Leichnam ins Institut für Rechtsmedizin überführt wurde, machten sich die Beamten von der Spurensicherung ans Werk, den Müllcontainer und die nähere Umgebung des Leichenfundortes genauestens unter die Lupe zu nehmen. Parallel versuchten deren Kollegen von Mordkommission und Schutzpolizei potentielle Zeugen auf dem Flughafengelände aufzutreiben, die in der Nacht zuvor oder am frühen Morgen verdächtige Personen oder sonstige Auffälligkeiten beobachtet haben könnten. Ebenso wurde überprüft, ob sich Corzos Name auf einer der Passagierlisten befand.

Als der Verstorbene in unser Institut eingeliefert wurde, war er mit einer Windjacke, Jeans, Jeanshemd, Slip, Socken und Lederschuhen bekleidet. Das Hemd war geöffnet und aus der Hose gezogen. Nachdem der Sektionsassistent den athletisch gebauten Corzo entkleidet hatte, stellte ich am Rücken insgesamt sieben oberflächliche Schürfverletzungen fest. Die Schürfungen waren unregelmäßig auf die Region zwischen den Schulterblättern und in der rechten Flankenregion verteilt und zwischen drei und sechs Zentimeter lang. Da keine Blutungen oder entzündlichen Hautreaktionen zu erkennen waren, vermutete ich, dass diese Wunden postmortal entstanden waren, entweder beim Entsorgen der Leiche oder bei der Bergung des Toten durch den Notarzt und die Rettungssanitäter.

Die später vorgenommene mikroskopische Untersuchung bestätigte meinen Verdacht. Es fehlten im Wundgebiet jegliche Ansammlungen von roten Blutzellen und Entzündungszellen, die sich bei Lebenden nach einer Verletzung sehr schnell im Wundrand bilden, um das traumatisierte Gewebe von der unverletzten Haut und dem Weichgewebe abzugrenzen. Wir sprechen hier von »Demarkierung« des Wundgebietes.

Der interessantere, weil wegweisende Befund bei der äußeren Leichenschau war der schaumige Belag vor Nasenlöchern und Mundöffnung des Toten. Er war teils flüssig, teils angetrocknet und bestand aus feinsten hellrosafarbenen Schaumbläschen. Wir Rechtsmediziner bezeichnen das als »Schaumpilz«. Ein Schaumpilz sieht in etwa so aus wie der aus lauter kleinsten Seifenblasen bestehende Schaum in der Küchenspüle, wenn gerade sehr spülmittelhaltiges Abwaschwasser abgelaufen ist, oder wie Bierschaum, der nach dem Öffnen einer geschüttelten Bierflasche in den Flaschenhals steigt. Ein Schaumpilz vor Mund und Nase bei einem Toten ist ein sicheres Zeichen dafür, dass der Betreffende vor seinem Tod ein Lungenödem hatte, also eine vermehrte Flüssigkeitsansammlung im Lungengewebe (im Volksmund: »Wasser in der Lunge«).

Ein Lungenödem entsteht meist nicht durch eine Erkrankung des Organs selbst, sondern ist eine Reaktion auf z. B. eine Herzerkrankung (Linksherzinsuffizienz), schwere Verbrennungen, eine Blutvergiftung, ein Polytrauma oder auch eine Vergiftung (Intoxikation). Da wir es hier mit einem athletisch gebauten Mann zu tun hatten, schien eine Linksherzinsuffizienz, also eine chronische Schwäche der linken Herzkammer, als Ursache auszufallen. Auch hatte ich bei der äußeren Leichenschau weder Verbrennungen noch Anzeichen einer Blutvergiftung entdeckt. Bei Letzterer kommt es häufig zu Hautblutungen als Ausdruck der durch Bakterien oder Viren gestörten Gerinnungsfähigkeit des Blutes, mit der Folge z. T. auch unkontrollierbarer Blutungen innerer Organe. Auch ein Polytrauma schied aus, da Schädeldach, Mittelgesichtsknochen, Brustkorb und Becken beim Betasten und auf Druck mit den Händen nicht widernatürlich beweglich waren und sich auch an den Extremitäten kein »Knochenreiben« feststellen ließ.

Zur Überprüfung tastet man bei der Leichenschau die Arme und Beine Zentimeter für Zentimeter ab. Knochenreiben äußert sich als ein Knacken und Knistern, das man nicht nur fühlt, sondern auch hört, und ist ein sicherer Hinweis auf einen Knochenbruch. Das unschöne Geräusch entsteht dadurch, dass die rauen Oberflächen an den Bruchenden aneinanderreiben, der medizinische Fachterminus für dieses Reiben ist »Krepitation«.

Da also alle anderen Ursachen für den Schaumpilz ausfielen, war ich schon vor der Öffnung der Brusthöhle überzeugt, dass eine Vergiftung für das Lungenödem und den Tod von Horacio Galvis Corzo verantwortlich war. Daher hielt sich meine Überraschung in Grenzen, als ich nach Öffnung der Bauchhöhle Magen und Darm des Toten mit der dafür vorgesehenen Darmschere aufschnitt und einen direkten Blick auf das Innere des Dünndarms hatte:

Ich zählte 26 kleine Plastikbeutelchen, jeweils zweieinhalb Zentimeter lang und anderthalb Zentimeter breit und allesamt mehrfach mit Klebestreifen umwickelt und zu kleinen Päckchen verschnürt. Jedes Päckchen enthielt ungefähr 15 Gramm einer pulvrigen Substanz.

Der entscheidende Hinweis auf das, was letztlich zu der tödlichen Intoxikation des Südamerikaners geführt hatte, zeigte sich beim Aufschneiden des Dickdarms. Hier fanden wir zwei ebensolche, allerdings leere Plastikbeutelchen sowie abgelöste und miteinander verschmolzene Klebestreifen.

Als ich die beiden Lungenflügel aus der Brusthöhle entnahm, bestätigte sich auch sofort der Verdacht in puncto Lungenödem: Beide Lungenflügel wogen mit 820 bzw. 980 Gramm jeweils mehr als das Doppelte von dem, was gesunde Lungenflügel eines Mannes in diesem Alter wiegen. In Luftröhre und Bronchien begegnete mir auch wieder der alte Bekannte von der äußeren Leichenschau, der feinblasige Schaumpilz. Auch beim Einschneiden in das Lungengewebe floss reichlich schaumige, hellrosafarbene Flüssigkeit in das Auffangbecken unter dem Organtisch.

Bei einer schweren, lebensbedrohlichen Vergiftung reagiert der Körper mit einer massiven Flüssigkeitsansammlung im Lungengewebe und den Atemwegen, also den Bronchien und der Luftröhre. Wir sprechen dann von einem »toxischen Lungenödem«. Bei dieser Reaktion spielt es keine Rolle, ob die Intoxikation von großen Mengen Alkohol, Drogen wie Heroin, Kokain oder Amphetaminen (Speed) oder durch eine Überdosis Medikamente hervorgerufen wurde. Und sie fällt auch immer einigermaßen gleich (»uniform«) aus, unabhängig davon, wie der Giftstoff in den Körper gelangt ist, also ob durch den Mund (im Essen oder Trinken), die Venen (gespritzt) oder über die Atemwege (inhaliert).

Bei einem solchen toxischen Ödem kommt es zum Flüssigkeitsübertritt aus den kleinen Kapillargefäßen der Lunge in die mit Atemluft gefüllten Lungenbläschen. Die so mit Flüssigkeit gefüllten Lungenbläschen können den Körper nicht mehr ausreichend mit Sauerstoff versorgen. Beim Lebenden äußert sich das in brodelnden Atemgeräuschen, die sich anhören, als würde man mit einem Strohhalm Luft in eine noch halbgefüllte Cola-Dose blasen. Folgen des Ödems sind Atemnot, Erstickungsanfälle und – ohne äußerst zügige intensivmedizinische Hilfe – der Tod.

Die toxikologische Untersuchung des Inhalts der 26 intakten Päckchen, die wir im Dünndarm des Toten gefunden hatten, beantwortete im Grunde schon die Frage, was das Lungenödem hervorgerufen und Horacio Galvis Corzo getötet hatte: Kokain, und zwar nahezu ungestreckt. Den Beweis lieferte die toxikologische Untersuchung von Blut und Urin, denn dort ließ sich dieselbe Substanz nachweisen.

Warum transportiert ein Mann Kokain in seinem Körper? Die Antwort ist so banal wie erschreckend: Weil der Körper so ziemlich das einzige Transportmittel ist, in das man nicht ohne weiteres hineinschauen kann. In Zeiten, da die Zollbehörden die Überwachung des »grenzüberschreitenden Warenverkehrs«, wie es so schön auf Amtsdeutsch heißt, nicht auf manuelle Gepäckkontrollen und Leibesvisitationen beschränken, sondern auch mit dem Einsatz von Durchleuchtungsgeräten und Drogensuchhunden sehr effektiv gegen

Drogenschmuggler vorgehen können, mussten sich organisierte Drogenkartelle etwas einfallen lassen, um im Geschäft zu bleiben. Also verfielen sie auf einen perfiden Trick, um den Zoll zu täuschen und den internationalen Drogenhandel – insbesondere den schnellen Transfer von Drogen aus Südamerika nach Europa mit dem Flugzeug – trotz schärfster Kontrollen am Laufen zu halten: Drogen dort zu verstecken, wo kein Zollbeamter hinschauen und kein Drogenhund sie erschnüffeln kann – im Körper von eigens dafür angeheuerten Männern und Frauen.

Horacio Galvis Corzo war als Drogenkurier, auch »Bodypacker« genannt, unterwegs gewesen und an seiner »geladenen Ware« gestorben.

Der Schmuggel von Betäubungsmitteln im Magen-Darm-Trakt wird vorrangig genutzt, um größere, nicht zum Eigenbedarf bestimmte Mengen zu transportieren. Die Drogen werden in kleine Plastikbeutel oder auch in Kondome, Fingerlinge von Gummihandschuhen oder Luftballons verpackt. Wenige Stunden bevor der Bodypacker das Flugzeug besteigt, schluckt er zwischen 20 und 30 prall mit Kokain (seltener Heroin, Amphetamine oder Designerdrogen) gefüllte Plastikbeutel (*bodypacks*).

Direkt vor dem Flug nimmt der Kurier zudem Antidiarrhoika (Mittel gegen Diarrhö, also Durchfall) ein. Diese Medikamente hemmen und verlangsamen die Darmperistaltik oder auch Darmmotorik und damit den Weitertransport des Darminhaltes. Damit soll verhindert werden, dass der Drogenkurier oder Bodypacker die Ware früher als beabsichtigt ausscheidet.

Am Zielort angekommen, werden ihm dann Laxantien (Abführmittel) verabreicht, denn jetzt ist es ja Zeit zur Warenübergabe.

In Südamerika ist der Drogenschmuggel per Körper mittlerweile perfektioniert worden. Die großen Drogenkartelle dort bilden neu angeworbene Drogenkuriere regelrecht aus. Die Anwärter werden in Lagern buchstäblich kaserniert und müssen dort lernen, ihren Darm an die bevorstehenden Belastungen zu gewöhnen. Dafür müssen sie große Mengen unzerkaute pflaumengroße Trauben schlucken. Dann wird durch Antidiarrhoika ihre Darmperistaltik so weit gehemmt, dass die Früchte im Darm nicht weitertransportiert werden und der Stuhldrang über 36 Stunden und mehr von den Betreffenden unterdrückt werden kann. Dies entspricht in etwa der Dauer ihrer Reise über den Atlantik vom Abflugort zum Bestimmungsort der Drogen, kleinere unvorhersehbare Verzögerungen und Transferaufenthalte eingerechnet. In diesen »Trainingslagern« wird den zukünftigen Drogenschmugglern auch beigebracht, wie sie sich bei der Einreise in ihr Bestimmungsland am Zielort zu verhalten haben. Meist führen die Bodypacker überhaupt kein Reisegepäck mit sich, sie bekommen aber von ihren Auftraggebern einen Bargeldbetrag, der groß genug ist, um die Einreisebedingungen im Zielland zu erfüllen.

Aber manchmal helfen auch das ganze Training und die Medikamente nichts, und der Bodypacker muss doch schon einige der wertvollen Päckchen auf der Flugzeugtoilette ausscheiden. In diesem Fall hat er von seinen Auftraggebern die strikte Anweisung, die Drogenpäckchen sofort wieder zu verschlucken.

Ein Beamter der Bundespolizei erzählte mir vor einigen Jahren, dass ein Kollege vom Zoll einmal einen Bodypacker an seinem Mundgeruch erkannt habe. Der Drogenkurier hatte mehrere während des Fluges in die Flughafentoilette ausgeschiedene Drogenpäckchen wieder hinuntergeschluckt und war am Zoll durch den ebenso ungewöhnlichen wie unerfreulichen Mundgeruch aufgefallen. Vielleicht sollten die Auftraggeber den Bodypackern zusätzlich zu der großen Menge an Bargeld auch eine Zahnbürste, Zahnpasta und extrastarkes Mundwasser mitgeben …

Schon der frühzeitige Warenverlust aufgrund der natürlichen Verdauung zeigt, dass sich der menschliche Körper nur sehr bedingt als Transportmittel eignet. Und die Transportbehälter sind alles andere als sicher. Denn Kondome, Plastikfingerlinge oder Luftballons sind nicht dafür gemacht, mit Kokain oder anderen Drogen gefüllt tagelang im Magen-Darm-Trakt eines Menschen transportiert zu werden. Die Verpackungsreste, die wir im Darm des Toten gefunden hatten, zeigten uns, dass zwei der Plastikbehältnisse aufgeplatzt waren. Das dadurch freigesetzte Kokain gelangte innerhalb kurzer Zeit durch die Darmschleimhaut in den Blutkreislauf. Und die knapp 30 Gramm waren weit mehr als genug, um den Mann an einer akuten Kokain-Intoxikation sterben zu lassen. Die tödliche Dosis liegt bei Kokain im Schnitt bei ein bis zwei Gramm. Die Drogenkuriere tragen ein Vielfaches dieser tödlichen Dosis in sich. Kein Wunder also, dass immer wieder ein solcher Kurier seinen Zielort nicht lebend erreicht.

Je nach Stabilität und Art der Verpackung kann es

auch vorkommen, dass die Drogenpäckchen schon im Magen und nicht erst im Darm aufplatzen. Und was auch viele Drogendealer, die Bodypacker einsetzen, offenbar nicht wissen: Der Bodypacker kann selbst dann an einer Kokainvergiftung sterben, wenn keines der Päckchen platzt. Es genügt, wenn das Verpackungsmaterial nicht dicht genug ist. Auch der Kunststoff eines Kondoms gibt als halbdurchlässige Membran, wenn auch nur nach und nach, das Betäubungsmittel frei. Besonders Kondome erweisen sich in dieser Hinsicht als unzuverlässig. Schließlich sind sie nicht, auch nicht in ihrer originären Verwendung, für eine stundenlange Beanspruchung konzipiert. Und aufgrund ihres spezifischen Einsatzgebietes sind sie von der Kunststoffkonsistenz her auch eher dünn- als dickschichtig.

Indem das Kokain dann durch die Wand des Kondoms hindurchtritt, gelangt es zunächst unbemerkt ins Blut, bis die Dosis so hoch ist, dass es zur Vergiftung kommt. Und dann kommt für den Bodypacker jede Hilfe zu spät.

Die polizeilichen Ermittlungen ergaben, dass der Mann, der einen auf den Namen Horacio Galvis Corzo ausgestellten Pass mit sich führte, einen Tag bevor er tot aufgefunden wurde aus Bogotá, der Hauptstadt Kolumbiens, über Amsterdam nach Berlin geflogen war. Offensichtlich war er allein unterwegs gewesen. Die Studentin, die in der Maschine aus Amsterdam neben ihm gesessen hatte, sagte aus, ihr Sitznachbar habe abwesend gewirkt und sich dauernd Schweiß von der Stirn gewischt. Ferner sei er sehr blass gewesen und habe gegen Ende des etwa einstündigen Fluges mehrfach die Flugzeugtoilette aufgesucht. Während des Landeanfluges auf Berlin habe eine Stewardess ihn durch lautes Rufen und Klopfen an der Toilettenkabinentür dazu auffordern müssen, seinen Sitzplatz wieder einzunehmen.

Die Untersuchung des Müllcontainers und der näheren Umgebung des Leichenfundortes durch die Spurensicherung verlief ebenso ergebnislos wie die Suche nach potentiellen Zeugen, die beobachtet haben könnten, wen Corzo auf dem Berliner Flughafen getroffen hatte.

Der tote Drogenkurier war ein typischer Fall von Leichendumping. Er war kurz nach seiner Ankunft, nachdem er erfolgreich die Einreiseformalitäten absolviert und den Zoll passiert hatte, noch auf dem Flughafengelände an der Überdosis Kokain gestorben. Seine Kontaktpersonen, die ihn auf dem Flughafen erwartet und wohl schon mehr tot als lebendig in Empfang genommen hatten, kümmerten sich in ihrer Eile, den Mann loszuwerden, nicht einmal um seinen Pass oder die 1.500 Euro Bargeld, die er bei sich trug. Und natürlich riefen sie erst recht keinen Arzt, sondern entsorgten ihn wie einen kaputten Koffer im Müll.

Leichendumping ist im Zusammenhang mit Drogendelikten nahezu an der Tagesordnung, nicht nur bei Bodypackern, sondern auch im eigentlichen Drogenkonsumentenmilieu selbst. Werden Drogenabhängige tot aufgefunden, sind oft weit und breit keinerlei Fixerutensilien wie Injektionsspritzen, Löffel, Feuerzeug oder Drogenbehältnisse zu finden. Manchmal hat nur jemand die Utensilien verschwinden lassen, meist aber wurde der Tote nachträglich verfrachtet. Der Grund:

die Angst der Mitkonsumenten, entdeckt und verhaftet zu werden – wegen Drogenbesitz oder unterlassener Hilfeleistung.

In solchen Fällen sind auch postmortal entstandene Transportverletzungen am Körper der Toten, wie in unserem Fall die Hautabschürfungen am Rücken des Mannes im Müllcontainer, nicht selten.

Leichendumping im Drogenmilieu nimmt zum Teil bizarre Auswüchse an, und die grausige Phantasie der Dealer und Mitkonsumenten kennt anscheinend keine Grenzen. So wurde in Berlin die verbrannte Leiche eines 14-jährigen Mädchens in einem ausgebrannten Koffer entdeckt. Obduktion und toxikologische Untersuchungen ergaben zweifelsfrei, dass das Mädchen an einer Überdosis Heroin gestorben war, bevor jemand sie in dem Koffer vom Sterbeort weggeschafft und anschließend den Koffer samt Leiche mit Benzin übergossen und angezündet hatte.

In einem anderen Fall wurde ein junger Mann, der sich den »goldenen Schuss« gesetzt hatte, von seinem Dealer im Keller seines eigenen Hauses eingemauert und erst nach zweieinhalb Jahren gefunden. Und das auch nur, weil eine Katze immer wieder vor der Wand laut miaut hatte, bis der misstrauisch gewordene Hausbesitzer die Polizei verständigte. Was wie aus Edgar Allan Poes Geschichte »Die schwarze Katze« abgeschrieben klingt, ist bei uns in der Rechtsmedizin immer mal wieder grausige Realität.

Der Fall Jessica

Im Grunde war ich vorgewarnt, als ich schließlich mit der Obduktion des siebenjährigen Mädchens begann, das bald im ganzen Land eine traurige Berühmtheit erlangen sollte – als Fall von vorsätzlicher und besonders grausamer Kindesvernachlässigung.

Durch die Fotos in der Ermittlungsakte hatte ich einen ersten Eindruck erhalten, durch welche Hölle dieses Mädchen vor seinem Tod gegangen sein musste. Außerdem hatte mir der Kollege von der Kripo, der Jessicas »Gefängnis« untersucht und die Verhaftung der Eltern angeordnet hatte, den Tatort der Vernachlässigung beschrieben: Selbst wenn man mittendrin stand, konnte man die Konturen des winzigen Raumes nur erkennen, wenn die Tür zum Flur geöffnet war. Es gab kein Licht, das einzige Fenster war mit schwarzer, lichtundurchlässiger Folie beklebt. In diesem Raum hatte das Mädchen fünf Jahre zugebracht, und in seinen letzten Monaten hatte es, ausgehungert und schwach, wie es war, nicht einmal mehr krabbeln können.

Der Notarzt hatte das bereits tote Kind nur kurz in Augenschein genommen und dann sofort die Polizei verständigt. Der abgemagerte und in grotesker Weise zusammengeschrumpfte Körper des Mädchens, die Windel, die Jessica noch mit sieben Jahren trug und die mit Kabelbindern in ihrer Leistengegend fixiert war, sowie die dunkle Enge des Zimmers verrieten auf den ersten Blick, dass hier keine Krankheit die Todesursache war. Dieses Mädchen war an elterlicher Vernachlässigung unvorstellbaren Ausmaßes gestorben.

In einem solchen Fall geht alles sehr schnell. Die sofort eingeschaltete Kriminalpolizei hatte die Staatsanwaltschaft verständigt, und die hatte eine Obduktion der Leiche angeordnet.

Einen Mordfall zu klären gab es für mich nicht mehr, die Täter, Vera Fechner und ihr Lebensgefährte Otto Hübner, saßen bereits in U-Haft. Die Obduktion hatte nur eine Aufgabe: die Details von Jessicas Martyrium festzustellen und zu dokumentieren, auch als Grundlage für den Prozess und die Strafzumessung.

Natürlich war mir bewusst, dass die vor mir liegende Autopsie alles andere als Routine sein würde. Doch weder die inzwischen bekannten Fakten noch das, was mir dic Kriminalpolizei im Vorfeld berichtet hatte, konnten mich auf das vorbereiten, was mich im Verlauf der nächsten sechs Stunden erwartete.

Ich betrachtete den kleinen nackten Körper vor mir auf dem Sektionstisch. Auf einem Tisch an dessen Fußende lag die Kleidung des Mädchens: ein grünes T-Shirt und eine blaue Latzhose, die Jessica über der Windel getragen hatte und die seit Wochen oder Monaten nicht gewechselt oder gewaschen worden war.

Ich habe gelernt, die analytische Distanz aufrechtzuerhalten, die der Job von mir verlangt, was allerdings nicht heißt, dass es nicht Dinge gibt, die ich nicht fassen kann. Die Eltern hatten den Notarzt gerufen, als sei es die normalste Sache der Welt, den Arzt zu rufen, wenn das eigene Kind verhungert ist. »Ich habe ihr immer etwas zu essen gegeben«, hatte die Mutter den Einsatzkräften zugerufen. So stand es im Protokoll. »Gestern Abend bekam sie Hühnchen mit Schokopudding.«

Was ich sah, schien die Aussage von Vera Fechner zu bestätigen: Mund und Kinn des Mädchens waren schmutzverklebt, mit einer klebrigen, dunklen Flüssigkeit, offenbar Erbrochenem. *Hühnchen mit Schokopudding.*

Vor der Leichenschau wird routinemäßig das Gewicht festgestellt. Jessica wog keine zehn Kilo – bei einer Körperlänge von 1,05 Metern! Normalerweise beträgt die Größe eines siebenjährigen Kindes zwischen 114 und 133 Zentimetern und das Gewicht zwischen 17 und 30 Kilogramm. Damit lag Jessica entsprechend der Waterloo-Klassifikation im Bereich schwerer chronischer Unterernährung.

Die Anzeige auf der Waage ließen zusammen mit dem Anblick der Toten vor meinem geistigen Auge Bilder von KZ-Opfern erscheinen, die ich während meiner Schulzeit in Büchern und Filmen gesehen hatte. Um Vergleichbares zu finden, mit dem ich zur Veranschaulichung mein Protokoll für die Gerichtsverhandlung untermauern konnte, musste ich später bis in die Archive des Warschauer Ghettos zurückgehen.

Die Leichenschau lieferte weitere Indizien. Keine Anzeichen mehr von Muskeln, von Fett oder von Gewebe. Ich sah nur pergamentartige, weißgelbe, dünne Haut, die sich wie Papier über die Knochen spannte, die

Wangen waren eingefallen, die Augen lagen tief in den Höhlen, das Haar war trocken, brüchig und kurz geschnitten, an einigen Stellen waren Büschel ausgerissen.

Anzeichen von äußerer Gewaltanwendung fand ich nicht, aber das war keine Überraschung – in diesem Fall ging es nicht um körperliche Gewalt, sondern um absolute Gleichgültigkeit: Jessica war nicht geschlagen oder misshandelt, sondern weggesperrt und aus dem elterlichen Leben verbannt worden.

Trotz der fehlenden Hinweise auf Vergewaltigung war die Anogenitalregion ein schockierender Anblick: After und Scheide waren mit borkigen Verkrustungen verschmutzt, und aus dem Enddarm ragte verhärteter Kot. Der ganze Bereich war stark entzündet. Später sah ich, dass auch Harnröhre, Blase und Nierenbecken eitrig entzündet waren.

Die Beinknochen waren stark nach innen gekrümmt – Zeichen einer fortgeschrittenen Rachitis. Einer von Jessicas Beinknochen war gebrochen und nicht mehr richtig zusammengewachsen, nachdem sie offenbar den Versuch unternommen hatte, aufrecht zu gehen. Die Knochen konnten aufgrund des Kalkentzugs das Körpergewicht nicht mehr tragen und verurteilten das Kind dazu, sich nur noch auf allen vieren fortzubewegen, bis Jessica am Ende sogar das versagt blieb. Eine später im Labor durchgeführte Blutuntersuchung ergab eine viel zu geringe Vitamin-D-Konzentration. Das war zu erwarten, denn der menschliche Körper kann dieses für den Knochenaufbau notwendige Vitamin nur dann selbst aus dem körpereigenen Cholesterin gewinnen, wenn er genügend UV-Licht bekommt. Vitamin D ist für den Calcium- und Phosphatstoffwechsel nötig und damit für den Zahn- und Knochenaufbau. Die Handwurzelknochen des siebenjährigen Mädchens wiesen die Skelettentwicklung einer Dreijährigen auf, was bis zu diesem Zeitpunkt weltweit noch in keinem einzigen Fall dokumentiert worden war. Jessica hatte ihr Dasein offensichtlich in totaler Finsternis gefristet.

Die Ermittlungen hatten bisher Folgendes ergeben: Jessica war zunächst in einer kleinen Ortschaft aufgewachsen. »Unauffällig, ein fröhliches Kind«, hatten frühere Nachbarn bestätigt, die das Kind noch gesehen hatten. Als dann die Eltern in die Stadt gezogen waren, begann das Martyrium. Jessica wurde seitdem in ihrem Zimmer im Dunkeln gefangen gehalten, ohne Spielzeug, völlig vernachlässigt, verschmutzt und hungrig, wie ein Tier. Nachbarn hatten das Kind nie gesehen. Die Eltern ließen Jessica oft tage- und nächtelang allein, gaben ihr entweder überhaupt nichts oder viel zu wenig zu essen und zu trinken. Während Vater und Mutter Sozialhilfe und Kindergeld in Kneipen und Spielhallen ausgaben, litt Jessica einsam in der schwarzen Enge ihres kleinen Zimmers. Der Regler des Heizkörpers war mit einem Kabelbinder auf Stufe 0 fixiert, ein ähnlicher Kabelbinder, wie er auch die Windel von Jessica hielt. Jessica muss in den Wintermonaten unter extremer Auskühlung gelitten haben. Während sie den Putz von den Wänden kratzte, um überhaupt die Illusion von etwas Essbarem zu haben, saß nebenan im Wohnzimmer die wohlgenährte Katze in Gesellschaft der Eltern.

»Eine Handlung wie diese übersteigt die Vorstellungskraft«, sagte der vorsitzende Richter später bei der Urteilsverkündung. Ich saß als Sachverständiger im Gerichtssaal und hatte Gelegenheit, die Eltern zu beobachten: Vera Fechners Augen schauten starr ins Leere, ihr Lebensgefährte Otto Hübner blickte abwechselnd auf den Strafverteidiger und auf seine Uhr. Der psychiatrische Sachverständige fand bei der Mutter des Kindes keinen Hinweis auf eine Beeinträchtigung ihrer Schuldfähigkeit. Vera Fechner habe zwar eine »miserable Kindheit« in einem »verwahrlosten Haushalt« bei ihrer alkoholkranken Mutter gehabt und mit 18 Jahren bereits ihr erstes Kind bekommen, das bald darauf zur Adoption freigegeben wurde, dennoch sei, so der Richter, diese unvergleichliche Tat damit in keiner Weise gerechtfertigt oder begründet. Otto Hübner hingegen wurde eine eingeschränkte Schuldfähigkeit attestiert, die auf einem frühkindlichen Hirnschaden und langjährigem Alkoholmissbrauch, verbunden mit einem erheblichen emotionalen Defizit – Soziopathie –, basierte.

Jessicas Eltern wurden wegen Mordes zu lebenslanger Haft verurteilt.

»Sie haben aus mitleidloser, gefühlloser und böswilliger Gesinnung gehandelt, weil Sie Ihr Leben bei Bekannten und beim Darts leben wollten«, sagte der Richter bei der Urteilsverkündung zu den Eltern.

Wenn ich die Möglichkeit hätte, den Eltern von Jessica oder Eltern anderer vernachlässigter Kinder etwas zu sagen, jenseits der rechtsmedizinischen Gutachten, die ich für den Gerichtsprozess erstelle, hätte ich davon

Gebrauch gemacht? Die Antwort ist nein. Mein Job beschränkt sich darauf, die medizinischen Fakten, die für ein Verbrechen von Relevanz sind, ans Licht zu bringen. Die Schicksale hinter den Verstorbenen, die auf meinem Obduktionstisch landen, sind oft furchtbar und böten ausreichend Anlass, sich emotional darin zu vertiefen, den Angehörigen Beistand zu leisten oder überführten Tätern deutlich die Meinung zu sagen. Doch das fällt nicht in meinen Kompetenzbereich und würde die für jeden Rechtsmediziner unverzichtbare Objektivität und Unvoreingenommenheit beeinträchtigen.

Trotzdem habe ich natürlich eine Meinung zu einem solchen Fall brutalster Vernachlässigung und frage mich als Vater zweier Kinder, was bei der Familie von Jessica so unglaublich schiefgelaufen ist, dass so etwas geschehen konnte, und ob Vernachlässigung ein Phänomen unserer Zeit ist. Denn Jessica ist kein Einzelfall. Nicht nur in Bezug auf überforderte Eltern, sondern auch im Hinblick auf all die Menschen, die qualvoll leben und qualvoll sterben, ohne dass ihr Umfeld davon Notiz nimmt oder auch nur irgendetwas ahnt. Niemand sah Jessica, keine Freunde, keine Verwandten, aber auch keine Ärzte oder Behörden! Als sie trotz schulpflichtigen Alters nicht in der Schule erschien, erhielten die Eltern lediglich einen Mahnbescheid – den sie nicht bezahlten. Nach und nach geriet Jessica komplett aus dem Blickfeld ihrer Umgebung, wurde quasi unsichtbar – bis sie schließlich wirklich aufhörte zu existieren.

Bei der Obduktion ging es zentral um die Frage, welcher der zahlreichen durch Vernachlässigung verursachten körperlichen Schäden letztendlich den Tod herbeigeführt hatte.

Jessicas Körper verfügte über keinerlei Unterhautfettgewebe mehr. Die Organe wie Lunge und Leber waren fast blutleer und kaum mehr funktionsfähig. Alle inneren Organe besaßen nur noch zwischen 10 und 60 Prozent ihres normalen Gewichts.

Im Magen fanden wir Nahrungsreste, die tatsächlich vom Vorabend stammten. Die faserige Struktur und das dunkle Material waren Fleisch und Pudding – *Hühnchen und Schokopudding*. Mit dem Nahrungsbrei vermischt fanden wir auch Kopfhaare des Mädchens, ebenso Gips von der Wand und Teppich- und Tapetenreste. Alles sprach dafür, dass Jessica verhungert war.

Doch so war es nicht gewesen.

Was sich wirklich ereignet hatte, konnten wir erst sehen, als wir Dünndarm und Dickdarm öffneten. Wir wollten feststellen, wie weit die Nahrung verdaut worden war, die Jessica am Abend bekommen hatte. Die unheimliche Antwort, auf die wir stießen, war: überhaupt nicht, denn es gab keinen Platz mehr. Dünn- und Dickdarm waren bis zum After vollständig durch Kotsteine verstopft – Kot, der durch Flüssigkeitsentzug zu steinartigen Gebilden verhärtet war. Diese Kotsteine wogen 870 Gramm und machten damit zehn Prozent von Jessicas ohnehin viel zu niedrigem Körpergewicht aus.

Um zu erfahren, wie ausgeprägt der Flüssigkeitsmangel war, mussten wir zunächst den Harnstoffgehalt im Körper des Kindes feststellen, das taten wir anhand der Glaskörperflüssigkeit im Auge. Wie nicht anders zu erwarten, wies der Harnstoffgehalt mit 212 Milligramm pro Deziliter einen extrem hohen Wert auf – ein Indiz für eine völlig unzureichende Flüssigkeitszufuhr zu Lebzeiten. Aufgrund des Flüssigkeitsmangels konnte der eingedickte Kot im Darm nicht mehr abgeführt werden, weshalb der gesamte Darmtrakt verstopfte. Durch die Verstopfung setzte die Darmmotorik irgendwann aus, und von da an transportierte der Darm von Jessica keine Nahrung mehr. Als Jessica endlich etwas zu essen bekam, konnte sie gar keine Nahrung mehr verdauen – sie war faktisch aufs Verhungern programmiert.

Beim Öffnen der Luftröhre und der Bronchien fanden wir in den Atemwegen die gleichen Nahrungsreste wie im Magen. Damit wussten wir nun, wie Jessica tatsächlich zu Tode gekommen war: Als das Mädchen endlich etwas zu essen bekommt, schlingt es die Nahrung in sich hinein. Sie gelangt bis zum Magen – und wird von dort nicht mehr weitertransportiert, da die Kotsteine im Darm den weiteren Weg blockieren. Es kommt zu Magenkrämpfe und schließlich würgt Jessica die Nahrung wieder hervor, diese wird zum Teil erbrochen, zum Teil gelangt sie in die Luftröhre und von dort in die Atemwege. Die Fremdkörper blockieren die Luftröhre und das sich daran anschließende Bronchialsystem, weshalb Jessica nicht mehr atmen kann. Die Folge ist Tod durch Ersticken.

Die grausame Ironie von Jessicas Schicksal: Nach einer Ewigkeit geben die Eltern ihr wieder etwas zu essen – und das fast zu Tode verhungerte Kind stirbt an seiner letzten Mahlzeit.

Erhalten für die Ewigkeit

An einem Tag im Sommer machte ein junges Pärchen bei herrlichem Wetter eine Bootsfahrt auf einem See. Plötzlich sahen die beiden etwas, das aussah wie ein Sack, eine Plane oder ein Baumstamm. Doch was dort an der Wasseroberfläche trieb, war die Leiche eines Menschen.

Für Ausflügler ist jede Wasserleiche ein ungewohnter und entsetzlicher Anblick. Doch als die Wasserschutzpolizei eintraf und die Leiche mit einem Bootshaken barg, stutzten auch die mit diesem Metier eher vertrauten Beamten, und das gleich aus zwei Gründen.

Zum einen sah die Leiche nicht aus wie eine Wasserleiche. Anders als bei dem am Elbstrand gefundenen Kopf (siehe »Entzweigeteilte Ermittlung«) waren hier die Gesichtskonturen noch gut zu erkennen. Das ganze Gesicht des Toten war wie mit einer wachsartigen Schicht bedeckt, aber das Gewebe hatte nicht die schwammige, aufgeweichte Konsistenz einer typischen Wasserleiche.

Was die Situation aber noch ungewöhnlicher machte, war die Tatsache, dass die Kleidung des Verstorbenen, die ebenfalls zum großen Teil noch erhalten war, überhaupt nicht in die heutige Zeit zu passen schien: ein zerlumpter, vom Wasser aufgeweichter Gehrock im Stil des 19. Jahrhunderts und ein weißes Rüschenhemd mit Resten einer Schleife im Brustbereich. Ein Outfit weit jenseits unserer heutigen Mode. Und auch der Schuh, in dem der linke Fuß des Verstorbenen noch steckte, wirkte mit seiner grobbeschlagenen Sohle und der großen Messingschnalle, als stamme er aus einem längst vergangenen Jahrhundert.

Die Wasserschutzpolizisten, die ebenfalls alarmierten Schutzpolizisten und das junge Pärchen, aufgewühlt, aber auch neugierig, überboten sich in Spekulationen, was es mit dieser altmodisch gekleideten Wasserleiche auf sich hatte.

»Der kommt aus einer anderen Zeit«, sagte einer. »Der liegt schon Jahrzehnte, vielleicht schon Jahrhunderte da drinnen.«

»Dann wäre das Gesicht aber wohl nicht mehr so gut zu erkennen«, erwiderte der Wasserschutzpolizist, der den Toten mit dem Bootshaken aus dem See geborgen und sich anschließend damit gebrüstet hatte, dies sei nun schon die zwölfte Wasserleiche, die er in elf Dienstjahren mit eigenen Händen »den Fluten entrissen« habe.

»Trotzdem sieht die Kleidung so aus, als wäre die Leiche schon seit vielen Hundert Jahren im Wasser«, sagte einer der Schutzpolizisten.

»Das Gesicht aber nicht«, warf der junge Mann ein, der mit seiner Freundin den Toten entdeckt hatte.

»Vielleicht hat sich jemand extra alte, zerlumpte Kleidung angezogen und ist dann ins Wasser gegangen und ertrunken«, schlug ein Beamter der mittlerweile eingetroffenen Kriminaltechnik vor. »Es gibt doch diese

Rollenspiele, bei denen sich die Leute historische Klamotten anziehen und dann auf irgendwelchen Burgen herumtoben.«

Wie auch immer man es drehen und wenden wollte, der Tote wirkte wie einer anderen Zeit entsprungen und erinnerte mehr an eine hergerichtete Schaufensterpuppe als an einen Körper, der längere Zeit im Wasser gelegen hatte. Letzteres ist für Rechtsmediziner allerdings kein großes Rätsel, weil wir schon im Studium mit diesem seltenen Phänomen bekannt gemacht wurden.

Als wir den Leichnam im Institut entkleideten, kam ein Körper zum Vorschein, der wie aus Kalk oder Gips gefertigt wirkte, fast wie versteinert. Statt aufgeweichter Haut umschloss eine grauweiße Schicht Rumpf und Gliedmaßen wie ein Panzer. Diese Schicht war von fester Konsistenz und hatte Form und Konturen vor allen Umwelteinflüssen geschützt.

Das Phänomen heißt in der Rechtsmedizin »Leichenwachs«, der wissenschaftlich korrekte Terminus ist »Adipocere« oder »Adipocire«.

Adipocere ist eine Form natürlicher, biologischer Leichenkonservierung (im Gegensatz zu artifizieller, also bewusst von Menschenhand herbeigeführter Leichenkonservierung wie z. B. bei der Mumifikation im alten Ägypten). Der Begriff leitet sich, wie könnte es anders sein, vom Lateinischen ab: a*deps* = Fett und *cera/cira* = Wachs. Ein ebenfalls gebräuchlicher Ausdruck ist »Fettwachs«, der allerdings wie auch die Bezeichnung »Leichenwachs« etwas irreführend ist, da für die chemischen Prozesse bei der Bildung von Adipocere weder Fette noch Wachse, sondern höhere Fettsäuren verantwortlich sind.

Die ersten wissenschaftlichen Untersuchungen zu natürlicher Leichenkonservierung durch Adipocere gehen auf die französischen Wissenschaftler Fourcroy und Thouret zurück, die Ende des 18. Jahrhunderts als Erste dieses Phänomen bei Umbettungen von Toten auf dem Friedhof St. Innocent in Paris beobachtet hatten. Die Verstorbenen, die auf dem überbelegten Pariser Massenfriedhof teilweise in Gruppen bestattet worden waren, waren trotz langer Liegezeit nicht verwest und zum Teil noch vollständig erhalten.

Wie kommt es zu derartiger Leichenwachsbildung?

Voraussetzung ist, dass die Leiche sich in sehr feuchter Umgebung befindet und von einer Luftzufuhr ausgeschlossen ist. Sind beide Voraussetzungen erfüllt, z.B. unter Wasser, in einer Höhle, einer Gruft oder einem feuchten Grab, tritt nach dem Tod aus den Talg- und Schweißdrüsenausführungsgängen des Unterhautfettgewebes verflüssigtes Fett. Dieses verwandelt das Gewebe zunächst in eine schmierige Masse, die dann eine zunehmend wachsähnliche Konsistenz bekommt. Im Laufe der Zeit wird dieses »Wachs« immer fester, bis es schließlich in eine gipsähnliche, mörtelartige Substanz übergeht und die Leiche quasi konserviert. Der gipsartige Panzer macht die Struktur des Gewebes auch nach Bergung und Aufenthalt an der Luft weitgehend unempfindlich gegen bakterielle Zersetzung, so dass Körper und Gesichtszüge von »Gipsleichen«, wie sie aufgrund ihres Aussehens manchmal genannt werden, noch Jahrzehnte nach ihrem Tod erhalten sind.

Rechtsmedizinisch von Bedeutung sind in Fällen von Fettwachsleichen z.B. sichtbare Verletzungen, Strangmarken, Narben oder Tätowierungen, die man aufgrund der Konservierung der Haut in den meisten Fällen noch recht gut erkennen kann. Auch die DNA kann man bei Fettwachsleichen noch isolieren und analysieren. So konnten Kollegen über die DNA eines Beins, das durch eine Schiffsschraube abgetrennt worden war und danach zwei Jahre lang im Wasser gelegen hatte, dessen »Besitzer« identifizieren.

Auch Zahnstatus und Knochen sind bei Fettwachsleichen noch gut zu bestimmen.

Weniger leicht zu erklären als die guterhaltenen Körper- und Gesichtskonturen der im See gefundenen Leiche war für uns die ungewöhnliche Aufmachung. Aber jemand aus unserem Team hatte eine Idee, wie man der Sache auf den Grund gehen könnte. »Vielleicht sollten wir mal in der Universität beim Fachbereich für Geschichte anrufen. Die könnten doch einen Professor vorbeischicken, der sich die Bekleidung genauer ansieht und uns sagen kann, ob wir es hier tatsächlich mit einem historischen Leichenfund zu tun haben.«

Die im Institut anwesenden Ermittler der Kripo griffen die Idee dankbar auf und schritten umgehend zur Tat. Wenig später ließ ein Experte seinen fachmännischen Blick über die Kleider wandern, die wir dem Toten ausgezogen hatten. Seine Einschätzung nach der Inspektion: Gehrock und Schuhe des Mannes entsprachen tatsächlich der Mode des 19. Jahrhunderts und waren mit an Sicherheit grenzender Wahrscheinlichkeit Originalstücke. Die letzten Zweifel beseitigte das Gutachten eines Textilexperten des Landeskriminalamtes. Wir hatten es also in der Tat mit einem natürlich konservierten Toten zu tun, der vor 100 Jahren oder früher in dem See versunken war.

Das hieß zum einen: Der Mann vor uns auf dem Stahltisch war ein ausgesprochen spektakulärer Fund. Doch zum anderen hieß es: Es gab keinen Fall, den wir aufklären mussten. Denn auch wenn es sich um einen Mord handelte – der Mörder wäre ebenfalls nicht mehr am Leben.

Deshalb ordnete die Staatsanwaltschaft auch keine Obduktion an. Für die Strafverfolgungsbehörden reichte die Feststellung aus, dass es sich nicht um einen aktuellen oder aus neuerer Zeit stammenden Todesfall handelte. Doch wie ich ja schon in der Einleitung zu diesem Buch betont habe: Die Rechtsmedizin will von den Toten für die Lebenden lernen. Also ist auch die Forschung ein wichtiger Teil unserer Arbeit. Deshalb wurde unserem rechtsmedizinischen Team erlaubt, ein kleines Stück des Oberschenkelknochens des Toten zu entnehmen und etwas näher zu untersuchen.

Um das genaue Alter von Knochen und anderen organischen Materialien zu bestimmen, gibt es unterschiedliche Datierungsmethoden, von denen die bekannteste die »Radiokarbonmethode« ist, auch »Radiokohlenstoffdatierung« oder »C14-Methode« genannt. Sie findet nicht nur in der Archäologie, Anthropologie, Klimatologie und Geologie Anwendung, sondern in Einzelfällen auch in der Rechtsmedizin.

Mit Hilfe der C14-Methode kann man sowohl »nur« einige Hundert Jahre junge Knochen als auch alle kohlenstoffhaltigen Gegenstände, die nicht älter als 55.000 Jahre sind, datieren.

Die C14-Methode basiert auf dem natürlichen Zerfall von in der Natur vorkommenden radioaktiven Elementen, der sogenannten Isotope. Hierbei läuft folgender Prozess ab: In der oberen Erdatmosphäre entsteht durch kosmische Strahlung aus dem Stickstoff-Isotop N14 das radioaktive Kohlenstoff-Isotop C14 (N und C sind die Elementarbezeichnungen für die Elemente Stickstoff und Kohlenstoff).

Während der Photosynthese der Pflanzen, also dem Aufbau von Kohlenhydraten aus Kohlendioxid und Wasser mit Hilfe von Licht- bzw. Sonnenenergie, werden sowohl das C14-Isotop als auch das stabile und »gewöhnliche« C12-Isotop von den Pflanzen aufgenommen. Diese beiden Isotope gelangen schließlich mit den Pflanzen in den Nahrungskreislauf und damit in den menschlichen und tierischen Organismus. Im Organismus bildet sich dann ein konstantes Verhältnis von C14- zu C12-Isotopen – jedenfalls, solange der Organismus noch lebt, da ja beständig neue Nahrung aufgenommen und ausgeschieden wird. Stirbt das Lebewesen, wird natürlich kein neuer Kohlenstoff mehr aufgenommen, und das instabile Isotop C14 zerfällt mit konstanter Geschwindigkeit.

Die Halbwertszeit, also die Zeit, in der sich die Menge an C14-Isotopen im Gewebe halbiert, ist bekannt, sie beträgt 5.730 Jahre. Um das Alter einer Probe ermitteln zu können, ist es also notwendig, den Anteil der noch vorhandenen C14-Atome herauszufinden.

Da das stabile C12-Isotop nicht zerfällt, kann man das Alter von organischen Stoffen – und eben auch der

Knochen Verstorbener – aus dem Verhältnis von C14- zu C12-Isotopen berechnen.

Unser Toter aus dem See war laut Textilgutachten und dem Ergebnis der C14-Untersuchung gegen Ende des 19. Jahrhunderts gestorben.

Das Leichenwachs-Phänomen erklärt, wie er so lange erhalten bleiben konnte. Eine andere naheliegende Frage beantwortet es nicht: Wenn der Verstorbene mehr als ein Jahrhundert auf dem Grund des Sees gelegen hatte, warum war er nach über hundert Jahren plötzlich an der Wasseroberfläche aufgetaucht?

Auch hier ist die Lösung des Rätsels ein bekanntes und naturwissenschaftlich relativ leicht zu erklärendes Phänomen, wenn auch gleichzeitig ein warnendes Beispiel für die Folgen des Klimawandels: Der Tote lag über ein Jahrhundert auf dem Grund des Sees, wo die Wassertemperatur nur vier Grad Celsius beträgt. Das ist nicht nur die übliche Kühlschranktemperatur, sondern auch die Temperatur, bei der Verstorbene im Kühlraum der Rechtsmedizin aufbewahrt werden, da bei dieser Temperatur die Fäulnisprozesse aufgehalten werden.

Die allmähliche Erderwärmung während der letzten Jahrzehnte sorgte dafür, dass die Wassertemperatur am Grund des Sees auf über vier Grad Celsius anstieg. Daraufhin begannen sich nun im Leichnam Fäulnisgase zu bilden, die dem Toten Auftrieb verliehen. So gelangte der Mann aus dem vorletzten Jahrhundert schließlich vom Grund des Sees an die Wasseroberfläche, wo er von dem Pärchen im Boot entdeckt wurde.

Das wohl prominenteste Beispiel für postmortale

Leichenkonservierung in Form von Adipocere ist Rosa Luxemburg, die bedeutende Frauenrechtlerin und Kämpferin der europäischen Arbeiterbewegung. Sie kämpfte gegen die Militarisierung in der SPD und deren Unterstützung des Ersten Weltkriegs 1914 und initiierte mit Karl Liebknecht die »Gruppe Internationale«, deren Zeitschrift *Die Internationale* sie herausgab. Aus der Gruppe ging später der Spartakusbund hervor.

Rosa Luxemburg wurde am 15. Januar 1919 gemeinsam mit Karl Liebknecht in Berlin-Wilmersdorf von der Polizei festgenommen und der Garde-Kavallerie Schützendivision in Berlin übergeben. Beide wurden verhört und schwer misshandelt. Schließlich wurde Rosa Luxemburg durch Schläge mit einem Gewehrkolben auf den Kopf lebensgefährlich verletzt und dann mit einem Kopfschuss getötet. Die Leiche wurde noch am selben Tag in den Berliner Landwehrkanal geworfen und erst viereinhalb Monate später, am 31. Mai 1919, in der Schleusenanlage im Tiergarten von Schleusenarbeitern gefunden. Der am 25. Januar 1919 mit 31 weiteren Opfern des Januaraufstandes, unter ihnen Karl Liebknecht, auf dem Zentralfriedhof in Berlin-Friedrichsfelde beerdigte Sarg von Rosa Luxemburg war leer gewesen. Am 1. Juni 1919 wurde der Leichnam Rosa Luxemburgs ins Leichenschauhaus des Instituts für Rechtsmedizin der Charité eingeliefert. In unseren Archivbüchern findet sich unter der Leichennummer 1480 des Jahres 1919 folgender Eintrag: »Rosa Luxemburg, Dr. jur., Schriftstellerin. Geboren 05.03.1871 in Zamost, Russ. Polen. Aufgefunden 31.05.1919 Schleuse an der unteren Freiarchenbrücke am Landwehrkanal.«

Bereits kurz nach dem Tod Rosa Luxemburgs hatte es in der Presse wirre Gerüchte über die Umstände ihres Todes gegeben. Von einigen Seiten wurde ihr ein Suizid angedichtet, andere sprachen sogar von einer Lynchjustiz des Volkes. Fakt ist, dass Rosa Luxemburg an einem schweren Schädel-Hirn-Trauma starb.

Ich selbst habe mir oft die Fotos vom Leichnam Rosa Luxemburgs angesehen, die bei uns im Institut nach ihrer Einlieferung zu Dokumentationszwecken gemacht wurden. Sie zeigen einen noch guterhaltenen weiblichen Körper, der fast wie eine Statue aussieht – erhalten durch natürliche postmortale Leichenkonservierung.

Aber nicht nur in Gewässern wie Seen oder Flüssen oder dem Berliner Landwehrkanal kann es zu natürlicher Leichenkonservierung kommen. Jeder hat schon einmal von Moorleichen gehört, menschlichen Überresten, die im sauren Milieu eines Hochmoores für die Ewigkeit konserviert worden sind. Die eindrucksvollsten Moorleichen sind in Schloss Gottorf in Schleswig ausgestellt. Das archäologische Museum dort war in meiner Kindheit ein beliebtes sonntägliches Ausflugsziel meiner Mutter und meiner Großmutter. Unzählige Stunden habe ich mir als Junge dort die Nase an den Scheiben platt gedrückt, vor dem »Mädchen von Windeby« (das nach Ergebnis der DNA-Analysen allerdings ein Junge ist), vor den »Männern von Damensdorf« oder vor dem Schädel des »Mannes von Osterby«. Ich war schon damals fasziniert von den Theorien über die Todesursachen der dort gezeigten Moorleichen. Waren sie hingerichtete Straftäter? Menschenopfer für heidnische Götter? Waren es Arme-Leute-Begräbnisse (denn damals wurden die betuchteren Verstorbenen für gewöhnlich verbrannt und die Asche mit persönlichen Grabbeigaben bestattet)? Oder waren einige von ihnen vielleicht nur einfach aus Unachtsamkeit im Moor versunken?

Die meisten Fachleute sind sich allerdings einig, dass Menschen, die als Moorleichen für die Ewigkeit konserviert wurden, wahrscheinlich unter ungewöhnlichen Umständen starben. Versinken Menschen im Hochmoor, werden ihre Überreste durch Sauerstoffabschluss und die Einwirkung von Huminsäuren konserviert. Huminsäuren sind hochmolekulare chemische Verbindungen, die Fäulnisprozesse und somit auch Leichenfäulnis hemmen. Diese Toten werden meist in unteren Torfschichten der Moore stark zusammengedrückt aufgefunden. Ihre Haut sieht schmutzig aus und ist dunkelbraun bis schwarz verfärbt und, wenn sie geborgen werden, noch feucht und verformbar wie weich gegerbtes Leder. Nach der Bergung setzen sehr schnell die sonst üblichen Fäulnisprozesse wieder ein. Daher muss man die Moorleichen rasch konservieren, wenn man sie in ihrer ursprünglichen Form und Verfassung erhalten will.

Besonders im norddeutschen und südskandinavischen Raum findet man heute noch Moorleichen. Bei fast allen kann man erkennen, woran sie gestorben sind, wenn es kein natürlicher Tod war. So zeigt der »Tollund-Mann« aus Dänemark, dessen Gesicht durch die Mumifizierung bis in kleinste Einzelheiten erhalten ist, auch nach fast zwei Jahrtausenden noch Strangulationsmarken am Hals, die dafür sprechen, dass er entweder durch Erhängen oder Erdrosseln ums Leben kam.

Wie bei Fettwachsleichen lässt sich auch an vielen Moorleichen noch problemlos eine DNA-Analyse durchführen – da es eben durch die nicht stattgefundene Leichenfäulnis auch nicht zu einer Zersetzung (»Degradation«) der Proteine und Nukleinsäuren und damit der DNA gekommen ist. Messergebnisse der C14-Methode lassen darauf schließen, dass die ältesten Moorleichen bis zu 2.500 Jahre alt sind.

Bis nach dem Zweiten Weltkrieg war man in der Wissenschaft übrigens der Meinung, dass für die Bildung einer typischen Moorleiche mehrere Jahrhunderte vergehen müssten. Unmittelbar nach dem Zweiten Weltkrieg jedoch fanden Bauern beim Torfabbau in Niedersachsen Moorleichen von deutschen und britischen Bomber-Piloten, die mit ihren Maschinen über dem Moor abgestürzt und dann darin versunken waren. Sie zeigten bereits alle Charakteristika einer typischen Moorleiche.

Ein anderes Phänomen der natürlichen Mumifizierung sind die sogenannten Permafrostleichen. Kommt ein Mensch in einem Perma- oder Dauerfrostgebiet (z. B. große Teile Sibiriens, Nordkanadas oder Alaskas) zu Tode, wird durch Sublimation – den direkten Übergang von »fest« in »gasförmig« ohne den Umweg über »flüssig« – und Verdunstung das Gewebewasser an die kalte Umgebungsluft abgegeben. Der niedrige Luftdruck und die trockene Umgebung, wie sie in Hochgebirgen üblich sind, erhöhen zudem den Dampfdruck auf das Wasser, das so schneller entweichen kann. Die Leiche wird sozusagen »gefriergetrocknet«. Ist die Feuchtigkeit aus dem Organismus entwichen, wird der

Prozess der Leichenfäulnis sehr stark verlangsamt, wobei Fäulnis und Verwesung bei Temperaturen unterhalb des Gefrierpunktes ohnehin so gut wie gar nicht mehr stattfinden. Teilmumifizierungen von Extremitäten wie Ohren, Nase und Finger sind im Hochgebirge so bereits nach wenigen Monaten möglich.

Diese Permafrostleichen sind jahrtausendelang haltbar. Die oben beschriebene vollständige Austrocknung durch Gefrieren führt dazu, dass diese Leichen auch nach ihrer Bergung jahrzehntelang aufbewahrt werden können und keine sichtbaren chemischen Veränderungen mehr aufweisen.

Möglicherweise haben Sie von den Mammuts aus dem Eis gelesen, deren DNA derzeit von amerikanischen und russischen Forschern anhand von einigen Haarbüscheln entschlüsselt wird. Die Büschel stammen von zwei sibirischen Mammuts, von denen das eine rund 20.000 Jahre, das andere sogar 60.000 Jahre im Eis gelegen hat. Haare sind eine sehr gute Quelle für jahrtausendealte DNA, weil sie meist weniger mit Pilzen oder Bakterien besiedelt sind als z.B. das Weichgewebe der Haut oder die inneren Organe. Auch wenn die Wissenschaft noch nicht so weit ist, dass sie aus dieser DNA Mammuts klonen könnte – ein Gedanke, der noch vor 20 Jahren völlig abwegig war –, erscheint dieser Schritt für die nahe Zukunft nicht unmöglich. Ein Urwelt-Zoo à la »Jurassic-Park« könnte dann Realität werden.

Was heißt hier spektakulär? Ein Resümee

Wenn Sie als Leser bis hierhin vorgedrungen sind, mussten Sie, während Sie dem Tod auf der Spur waren, einiges mit ansehen: Sie wurden mittelbar Zeuge bei einem Mord im Zuhältermilieu, dessen Opfer danach auf einer Landstraße kilometerweit unter einem Wagen mitgeschleift wurde, und bei einem Mord unter geistig verwirrten Menschen in einem Umfeld sozialer Verwahrlosung. Sie haben erlebt, wie eine Unachtsamkeit bei der Jagd zu einem tödlichen Unfall führte, wie ein Drogenkurier an seinen Transportgütern starb und wie Alkohol und Kälte eine unheilvolle Allianz eingingen. Und nicht zuletzt haben Sie die tödliche Entschlossenheit von Menschen kennengelernt, die mit aller Macht aus dem Leben scheiden wollen: durch eine im fahrenden Auto ausgelöste Explosion, durch Aderlass und anschließende Selbstenthauptung oder durch das Aufschneiden der Pulsadern in einer Regentonne als selbstgewähltem Versteck vor der Welt der Lebenden.

Alle diese Fälle haben eines gemeinsam: Sie fanden nicht in der Welt der Reichen und Schönen statt, die wir zwar bestaunen, die aber nicht unsere Welt ist, sondern mitten unter uns. Das einzige Opfer, dass eine gewisse »Berühmtheit« erlangte, war ein kleines Mädchen, und ihre erschütternde Berühmtheit kam erst mit dem Tod, der unbedingt hätte verhindert werden müssen. Spektakulär sind die zwölf hier beschriebenen Fälle also nicht durch eine Brisanz, die vor allem die Boulevardmedien gern aus vermeintlich rätselhaften Todesfällen von sogenannten Celebrities stricken. Spektakulär sind sie insofern, als sie in zugespitzter Weise Phänomene unserer Gesellschaft beleuchten, die wir alle lieber ausklammern, mit denen wir Rechtsmediziner aber tagtäglich konfrontiert werden. Und diese Todesfälle sind meiner Meinung nach gerade dadurch spektakulär, dass es sich bei den Opfern um Menschen handelt, neben denen wir vielleicht schon einmal an der Bushaltestelle oder an der Supermarktkasse gestanden haben.

Das heißt jedoch nicht, dass ich der Meinung bin, wir alle sollten verpflichtet werden, uns fortan täglich mit den Tragödien um uns herum zu beschäftigen. Überhaupt lasse ich meinen Zeigefinger lieber seinen Beitrag zu meiner Arbeit als Rechtsmediziner leisten, als ihn moralisch zu erheben. Aber was ich täglich in meinem Beruf zu sehen bekomme, sollte auch nicht versteckt werden, denn diese dunkle Seite unserer Gesellschaft, die all diese Todesfälle offenbaren, ist nicht gottgegeben. Jeder dieser unnatürlichen Todesfälle ist für sich ein Warnsignal. Und in dem, was an jedem Tag im Obduktionssaal vor uns auf dem Stahltisch liegt, lassen sich jede Menge Hinweise finden, wo und wie in unserer Gesellschaft etwas gründlich schiefläuft. Also sollten wir diese traurige Welt aus unserem Leben nicht verbannen, sondern stattdessen lieber noch genauer hinsehen, aus Liebe zum Leben. Dieses Buch soll ein kleiner Beitrag dazu sein – nicht mehr, aber auch nicht weniger.

Thomas Seifert / Klaus Werner

Schwarzbuch Öl

Eine Geschichte von Gier, Krieg, Macht und Geld

Aktualisierte Ausgabe

ISBN 978-3-548-36995-2
www.ullstein-buchverlage.de

Öl – Treibstoff des Kriegs, Ursache von Korruption, Menschenrechtsverletzungen, Bürgerkrieg, Umweltzerstörung, Klimawandel. Der brutale Kampf um die letzten Reserven hat begonnen. Wie kommen wir von der Öl-Droge los? Thomas Seifert und Klaus Werner haben jahrelang hinter den Kulissen der Öllobby recherchiert und zeigen, wie sehr die dramatischen Ereignisse der Weltpolitik mit dem Erdöl zusammenhängen. Kein Thriller könnte spannender sein.

»Das *Schwarzbuch Öl* überzeugt sowohl durch viele, den Leser allerdings in Besorgnis versetzende, Details als auch durch die große Linie, mit der es die Konflikte um das Öl beschreibt.«
Süddeutsche Zeitung

US306